गद्यांकुर

हिन्दी अध्ययन मंडल

गद्यांकुर

अहिल्यादेवी होलकर सोलापुर विश्वविद्यालय, सोलापुर के
बी.ए. द्वितीय वर्ष के लिए पाठ्यपुस्तक

कार्यकारी सम्पादक

प्रो. डॉ. अनिल सालुंखे

अध्यक्ष, हिन्दी अध्ययन मंडल

पुण्यश्लोक अहिल्यादेवी होलकर सोलापुर विश्वविद्यालय, सोलापुर

सम्पादक

डॉ. सतीश अर्जुन घोरपडे

अध्यक्ष, हिन्दी विभाग,
माऊली महाविद्यालय, वडाला, सोलापुर

सह-सम्पादक

डॉ. राजेंद्र वडजे
सोलापुर

डॉ. मदन खरटमोल
वैराग

डॉ. पंडित बन्ने
जेऊर

डॉ. मनिषा सालुंखे
कुर्डुवाडी

वाणी प्रकाशन

प्रकाशन के उत्कृष्टतम 60 वर्ष

प्रथम संस्करण : 2023

vaniprakashan.com

वाणी प्रकाशन

4695, 21-ए, दरियागंज, नयी दिल्ली-110 002

फ़ोन : +91 11 23273167, 23275710

शाखाएँ

अशोक राजपथ, पटना-800 004, बिहार

कॉफ़ी हाउस कैम्पस, महात्मा गांधी मार्ग, इलाहाबाद-211 001, उत्तर प्रदेश

महात्मा गांधी अन्तरराष्ट्रीय हिन्दी विश्वविद्यालय, वर्धा-442 001, महाराष्ट्र

36/ए, शेक्सपियर सरणी, रानी बिरला गर्ल्स कॉलेज के पास, कोलकाता-700 017, प. बंगाल

sales@vaniprakashan.in
vaniprakashan@gmail.com

Gadyankur
by Prof. (Dr.) Anil Salunkhe

ISBN : 978-93-5775-426-2
Hindi Literature

मूल्य : ₹ 95

आर. टेक ऑफ़सेट प्रिंटर्स, दिल्ली-110 032 में मुद्रित

वाणी प्रकाशन का लोगो मक़बूल फ़िदा हुसेन की कूची से

भूमिका

हिन्दी भाषा और उसका साहित्य विश्व की सर्वश्रेष्ठ भाषाओं में से एक है । गद्य एवं पद्य की विभिन्न विधाओं ने आदिकाल से अब तक हिन्दी साहित्य को समृद्ध किया है। साहित्य समाज का दर्पण है, जिसमें हम समाज की तत्कालीन संचित चित्तवृत्तियों को आसानी से देख और समझ सकते हैं। वर्तमान समय में विभिन्न विमर्श के प्रवेश ने इसके आयाम बदल दिये हैं।

आधुनिक हिन्दी गद्य साहित्य की कहानी विधा अल्पावधि में ही बहुत विकसित हुई है। जीवन की छोटी-से-छोटी घटना एवं संघर्ष को उसने अपने में आसानी से समा लिया। दिखने में छोटी किन्तु मानवी समुदाय की संवेदनशीलता को अत्यन्त मार्मिक ढंग से प्रस्तुत करने की क्षमता कहानी साहित्य में है। जैसे-जैसे समाज की विचारधारा में परिवर्तन हुआ उसे आसानी से ग्रहण करना हिन्दी के कहानी साहित्य की अपनी विशिष्ट शैली है।

राजनीतिक, सामाजिक, धार्मिक, आर्थिक, सांस्कृतिक आदि परिस्थितियों के साथ ही वृद्ध, स्त्री, दलित, अल्पसंख्यक, किन्नर आदि विमर्श को वर्तमान समय की कहानियों में आसानी से देखा जा सकता है। हिन्दी कहानी साहित्य में राष्ट्रीयता, नैतिकता, संस्कार, उदारता, परोपकार, आदर्शवाद आदि मूल्यों का अन्तर्भाव होता है जिससे पाठक सुसंस्कारित होकर वह मानव समुदाय के प्रति संवेदनशील होने में सहायक होता है।

आज के समय में युवा वर्ग को पढ़ाई के साथ-साथ सामाजिक जीवन मूल्यों की पहचान कराना आवश्यक हो गया है। इस दृष्टि से बहुआयामी हिन्दी साहित्य का अध्ययन संवेदनशीलता से करना चाहिए।

पुण्यश्लोक अहिल्यादेवी होळकर सोलापुर विश्वविद्यालय, सोलापुर के बी. ए. द्वितीय वर्ष हेतु 'गद्यांकुर' यह पाठ्य पुस्तक प्रस्तुत करते हुए हम खुशी महसूस

कर रहे हैं। विश्वविद्यालय का यह पाठ्यक्रम बनाते समय 'विश्वविद्यालय अनुदान आयोग' (यूजीसी) के सभी निर्देशों का पालन किया गया है। वर्तमान समय के विविध सामाजिक एवं सांस्कृतिक विषयों पर आधारित कहानियों का अन्तर्भाव इसमें किया गया है। जैसे कि वृद्ध, स्त्री, राजनीति, दलित, किन्नर आदि विमर्श का अन्तर्भाव किया है। जिन छात्रों के सम्मुख हम यह पुस्तक रखने जा रहे हैं वह तीव्र गति से आगे बढ़ना चाहते हैं। आभासी समाज माध्यम एवं बहु माध्यमों के इस जाल में वह बहुत उलझा हुआ है। इसलिए सामाजिक एवं जीवन मूल्यों की पहचान कराने के उद्देश्य से इस पुस्तक में कहानियों का चयन किया गया है।

हिन्दी कहानी साहित्य के शलाका पुरुष, उपन्यास सम्राट के साथ-साथ कलम के सिपाही के रूप में पहचान प्राप्त मुंशी प्रेमचन्द की 'बूढ़ी काकी', दो पीढ़ियों के संघर्ष की पहचान रखते हुए वर्तमान समय के सजग प्रहरी राजेन्द्र यादव की 'जहाँ लक्ष्मी कैद है', जीवन भर परिवार से कोसों दूर रहकर बच्चों की परवरिश के लिए नौकरी करता हुआ पिता जब उसी परिवार में हाशिये पर धकेल दिया जाता है उस पिता की त्रासदी का वर्णन करती हुई उषा प्रियंवदा की 'वापसी', स्त्री-विमर्श के साथ-साथ मिथकों के किरदार में वर्तमान समय को पिरोने वाली लेखिका सूर्यबाला की 'कागज की नावें चाँदी के बाल', जल-जंगल-जमीन के लिए संघर्षरत आदिवासी जनसमुदाय को साहित्य की मुख्यधारा में लानेवाले लेखक संजीव की कहानी 'नेता', जिसमें अपनों से की गयी दगाबाजी अच्छे से दिखाई देती है।

सहानुभूति नहीं बल्कि स्वानुभूति के माध्यम से अपनी अभिव्यक्ति करनेवाले अम्बेडकरवादी लेखक जयप्रकाश कर्दम की 'बिट्टन मर गयी', पुरुषसत्ता मानसिकता से जीने के लिए मजबूर स्त्री को अभिव्यक्त करने वाली कहानी 'फैसला', शिक्षा से आर्थिक, सामाजिक परिवर्तन की राह दिखाने वाली रत्नकुमार सांभरिया की 'फुलवा', साधारण मानव जीवन की सभी समस्याओं से संघर्ष करते हुए अपने आपसे संघर्ष करते हुए ज़िन्दगी जीने वाला और एक वर्ग है जिन्हें किन्नर, थर्ड जेंडर आदि नामों से पहचाना जाता है। यह वह वर्ग है जो हमेशा से उपेक्षा का पात्र रहा। लेखिका जयंती रंगनाथन लिखित उस दुनिया की 'ज्योति' एक ऐसी कहानी है जो इस वर्ग का दस्तावेज है।

पुण्यश्लोक अहिल्यादेवी होळकर सोलापुर विश्वविद्यालय, सोलापुर से संलग्नित नगर एवं देहात के सभी महाविद्यालय के छात्रों को केन्द्र में रखकर 'गद्यांकुर' पाठ्यपुस्तक का निर्माण किया गया है। इस पाठ्यपुस्तक निर्माण में

हिन्दी अध्ययन मण्डल के अध्यक्ष प्रो. डॉ. अनिल सालुंखे, सदस्य प्रो. डॉ. गिरीश काशिद, प्रो. डॉ. सुब्राव जाधव, प्रो. डॉ. प्रशान्त नलवडे, प्रो. डॉ. अपर्णा कुचेकर, प्रो. डॉ. दादासाहेब खांडेकर, डॉ. राजकुमार वडजे, डॉ. पंडित बन्ने, डॉ. सुचिता गायकवाड, डॉ. मालोजी जगताप, निमन्त्रित सदस्य प्रो. डॉ. सुनील बनसोडे, डॉ. राजेन्द्र श्रीवास्तव, श्री मनीष पांडे आप सभी महानुभावों के प्रति आभार।

प्रस्तुत पुस्तक तैयार करने में अपना अमूल्य सहयोग देनेवाले सह-सम्पादक एवं पाठ्यक्रम उप-समिति के सदस्य डॉ. मदन खरटमोल, डॉ. मनीषा साळुंखे जी का विशेष सहयोग रहा।

पुण्यश्लोक अहिल्यादेवी होळकर सोलापुर विश्वविद्यालय, सोलापुर के प्रभारी कुलपति डॉ. राजनिश कामत, प्र. कुलपति डॉ. गौतम कांबले, कुलसचिव डॉ. योगिनी घारे तथा अध्ययन मण्डल विभाग के कर्मचारियों के प्रति भी हम धन्यवाद ज्ञापित करते हैं।

श्री अरुण माहेश्वरी, वाणी प्रकाशन, नयी दिल्ली ने इस पुस्तक को प्रकाशित किया, आपके प्रति भी आभार।

सम्पादक

डॉ. अनिल सालुंखे
डॉ. सतीश घोरपडे

अनुक्रम

इकाई : I

प्रेमचन्द

प्रेमचन्द (31 जुलाई 1880—8 अक्टूबर 1936) हिन्दी के सबसे बड़े और सबसे ज़्यादा लोकप्रिय कथाकार हैं। उनका मूल नाम धनपत राय था। उन्होंने लेखन की शुरुआत उर्दू से की। प्रेमचन्द की पहली पुस्तक *सोज़े वतन* जो देशभक्ति की पाँच कहानियों का संग्रह है, अंग्रेज़ शासकों द्वारा ज़ब्त कर ली गयी थी। उसके बाद वे हिन्दी में लिखने लगे। उन्होंने कुल 15 उपन्यास, 300 से कुछ अधिक कहानियाँ, तीन नाटक, दस अनुवाद, बाल साहित्य की सात पुस्तकें और हज़ारों पृष्ठों के लेख, सम्पादकीय और भूमिका आदि लिखे हैं। उनके जीवनकाल में ही उन्हें 'उपन्यास सम्राट' माना गया। प्रेमचन्द की ख्याति मुख्यतः उनके कथा-साहित्य पर आधारित है।

प्रेमचन्द ने हिन्दी उपन्यास और कहानी को परिपक्वता दी। भारतीय समाज का दुख-दर्द और सामान्य लोगों का जीवन उनके लेखन में पहली बार इतनी विविधता और बारीकी से अभिव्यक्त हुआ। प्रेमचन्द की कालजयी कृति *गोदान* को भारत के किसान जीवन का महाकाव्य माना जाता है। *रंगभूमि* पर गाँधीवाद का प्रभाव है। *सेवासदन* और *कर्मभूमि* सुधारवादी उपन्यास हैं। प्रेमचन्द के विपुल कथा-साहित्य में साम्प्रदायिकता, भ्रष्टाचार, ज़मींदारी, क़र्ज़ख़ोरी, ग़रीबी, राजनीतिक पराधीनता आदि का प्रभावशाली चित्रण मिलता है।

प्रेमचन्द प्रगतिशील विचारधारा के लेखक थे। अपनी बात लोगों तक पहुँचाने के लिए प्रेमचन्द ने *हंस* और *जागरण* पत्रिकाओं का सम्पादन-प्रकाशन भी किया। प्रेमचन्द के उपन्यासों और कहानियों पर कई फ़िल्में बनायी गयीं। समय के साथ-साथ प्रेमचन्द की प्रासंगिकता बढ़ती जा रही है और कथाकारों की प्रत्येक पीढ़ी उन्हें अपना प्रेरणा-पुरुष मानती है।

बूढ़ी काकी

—प्रेमचन्द

बुढ़ापा बहुधा बचपन का पुनरागमन हुआ करता है। बूढ़ी काकी में जिह्वा-स्वाद के सिवा और कोई चेष्टा शेष न थी और न अपने कष्टों की ओर आकर्षित करने का रोने के अतिरिक्त दूसरा कोई सहारा ही। समस्त इन्द्रियाँ, नेत्र, हाथ और पैर जवाब दे चुके थे। पृथ्वी पर पड़ी रहतीं और जब घरवाले कोई बात उनकी इच्छा के प्रतिकूल करते या भोजन का समय टल जाता, उसका परिमाण पूर्ण न होता अथवा बाज़ार से कोई वस्तु आती और उन्हें न मिलती तो रोने लगती थीं। उनका रोना-सिसकना साधारण न था, वह गला फाड़-फाड़ कर रोती थीं।

उनके पतिदेव को स्वर्ग सिधारे कालान्तर हो चुका था। बेटे तरुण हो होकर चल बसे थे। अब एक भतीजे के सिवाय और कोई न था। उसी भतीजे के नाम उन्होंने अपनी सारी सम्पत्ति लिख दी थी। भतीजे ने सम्पत्ति लिखाते समय तो खूब लम्बे-चौड़े वादे किये, परन्तु वे सब वादे केवल कुली डिपो के दलालों के दिखाये हुए सब्ज़बाग़ थे। यद्यपि उस सम्पत्ति की वार्षिक आय डेढ़-दो सौ रुपये से कम न थी तथापि बूढ़ी काकी को पेट भर भोजन भी कठिनाई से मिलता था। इसमें उनके भतीजे पंडित बुद्धिराम का अपराध था अथवा उनकी अर्द्धांगिनी श्रीमती रूपा का, इसका निर्णय करना सहज नहीं। बुद्धिराम स्वभाव के सज्जन थे; किन्तु उसी समय तक जब तक कि उनके कोष पर कोई आँच न आये। रूपा स्वभाव से तीव्र थी सही, पर ईश्वर से डरती थी। अतएव बूढ़ी काकी को उसकी तीव्रता उतनी न खलती थी जितनी बुद्धिराम की भलमनसाहत।

बुद्धिराम को कभी-कभी अपने अत्याचार का खेद होता था। विचारते कि इसी सम्पत्ति के कारण मैं इस समय भलामानुस बना बैठा हूँ। यदि मौखिक आश्वासन और

सूखी सहानुभूति से स्थिति में सुधार हो सकता तो उन्हें कदाचित् कोई आपत्ति न होती, परन्तु विशेष व्यय का भय उनकी सचेष्टा को दबाये रखता था। यहाँ तक कि यदि द्वार पर कोई भला आदमी बैठा होता और बूढ़ी काकी उस समय अपना राग अलापने लगतीं तो वह आग हो जाते और घर में आकर ज़ोर से डाँटते। लड़कों को बुड्ढों से स्वाभाविक विद्वेष होता ही है और फिर जब माता-पिता का यह रंग देखते तो बूढ़ी काकी को और भी सताया करते। कोई चुटकी काट कर भागता, कोई उन पर पानी की कुल्ली कर देता। काकी चीख मार कर रोतीं; परन्तु यह बात प्रसिद्ध थी कि वह केवल खाने के लिए रोती हैं; अतएव उनके संताप और आर्तनाद पर कोई ध्यान नहीं देता था। हाँ, काकी कभी क्रोधातुर होकर बच्चों को गालियाँ देने लगतीं तो रूपा घटनास्थल पर अवश्य आ पहुँचती। इस भय से काकी अपनी जिह्वा-कृपाण का कदाचित् ही प्रयोग करती थीं, यद्यपि उपद्रव शान्ति का यह उपाय रोने से कहीं अधिक उपयुक्त था।

सम्पूर्ण परिवार में यदि काकी से किसी को अनुराग था, तो वह बुद्धिराम की छोटी लड़की लाड़ली थी। लाड़ली अपने दोनों भाइयों के भय से अपने हिस्से की मिठाई-चबेना बूढ़ी काकी के पास बैठकर खाया करती थी। यही उसका रक्षागार था और यद्यपि काकी की शरण उनकी लोलुपता के कारण बहुत महँगी पड़ती थी, तथापि भाइयों के अन्याय से कहीं सुलभ थी। इसी स्वार्थानुकूलता ने उन दोनों में प्रेम और सहानुभूति का आरोपण कर दिया था।

रात का समय था। बुद्धिराम के द्वार पर शहनाई बज रही थी और गाँव के बच्चों का झुण्ड विस्मयपूर्ण नेत्रों से गाने का रसास्वादन कर रहा था। चारपाइयों पर मेहमान विश्राम करते हुए नाइयों से मुक्कियाँ लगवा रहे थे। समीप ही खड़ा हुआ भाट बिरदावली सुना रहा था और कुछ भावज्ञ मेहमानों के 'वाह, वाह' पर ऐसा खुश हो रहा था मानो इस 'वाह, वाह' का यथार्थ में वही अधिकारी है। दो एक अंग्रेजी पढ़े नवयुवक इन व्यवहारों से उदासीन थे। वे इस गँवार-मण्डली में सम्मिलित होना अपनी प्रतिष्ठा के प्रतिकूल समझते थे।

आज बुद्धिराम के बड़े लड़के सुखराम का तिलक आया है। यह उसी का उत्सव है। घर के भीतर स्त्रियाँ गा रही थीं और रूपा मेहमानों के लिए भोजन के प्रबन्ध में व्यस्त थी। भट्ठियों पर कढ़ाह चढ़े थे। एक में पूरियाँ-कचौरियाँ निकल रही थीं। दूसरे में अन्य पकवान बन रहे थे। एक बड़े हंडे में मसालेदार तरकारी पक रही थी। घी और मसाले की क्षुधावर्धक सुगन्ध चारों ओर फैली हुई थी।

बूढ़ी काकी अपनी कोठरी में शोकमय विचार की भाँति बैठी हुई थीं। वह स्वाद-मिश्रित सुगन्धि उन्हें बेचैन कर रही थी। वे मन ही मन विचार कर रही थीं, सम्भवत: मुझे पूड़ियाँ न मिलेंगी। इतनी देर हो गयी, कोई भोजन लेकर नहीं आया, मालूम होता है, सब लोग भोजन कर चुके। मेरे लिए कुछ न बचा। यह सोच कर उन्हें रोना आया, परन्तु अपशकुन के भय से वे रो न सकीं।

"आहा! कैसी सुगन्धि है! अब मुझे कौन पूछता है? जब रोटियों के ही लाले पड़े हैं तब ऐसे भाग्य कहाँ कि भरपेट पूड़ियाँ मिलें?" यह विचार कर उन्हें रोना आया, कलेजे में एक हूक-सी उठने लगी, परन्तु रूपा के भय से उन्होंने फिर मौन धारण कर लिया।

बूढ़ी काकी देर तक इन्हीं दु:खदायक विचारों में डूबी रहीं। घी और मसालों की सुगन्धि रह-रह कर मन को आपे से बाहर किये देती थी। मुँह में पानी भर-भर आता था। पूड़ियों का स्वाद स्मरण कर हृदय में गुदगुदी होने लगती थी। किसे पुकारूँ; आज लाड़ली बेटी भी नहीं आयी। दोनों छोकड़े सदा दिक किया करते हैं। आज उनका भी कहीं पता नहीं। कुछ मालूम तो होता कि क्या बन रहा है।

बूढ़ी काकी की कल्पना में पूड़ियों की तस्वीर नाचने लगी। खूब लाल-लाल, फूली-फूली, नरम-नरम होंगी। रूपा ने भली-भाँति मोयन दिया होगा। कचौरियों में अजवाइन और इलायची की महक आ रही होगी। एक पूड़ी मिलती तो ज़रा हाथ में लेकर देखती। क्यों न चलकर कढ़ाह के सामने ही बैठूँ। पूड़ियाँ छन-छन कर तैरती होंगी। कढ़ाह से गरम-गरम निकलकर थाल में रखी जाती होंगी। फूल हम घर में भी सूँघ सकते हैं; परन्तु वाटिका में कुछ और बात होती है। इस प्रकार निर्णय करके बूढ़ी काकी उकड़ूँ बैठकर हाथों के बल सरकती हुई बड़ी कठिनाई से चौखट उतरीं और धीरे-धीरे रेंगती हुई कढ़ाह के पास जा बैठीं। यहाँ आने पर उन्हें उतना ही धैर्य हुआ जितना भूखे कुत्ते को खाने वाले के सम्मुख बैठने पर होता है।

रूपा उस समय कार्यभार से उद्विग्न हो रही थी। कभी इस कोठे में जाती, कभी उस कोठे में; कभी कढ़ाह के पास आती कभी भण्डार में जाती। किसी ने बाहर से आकर कहा—महाराज ठण्डई माँग रहे हैं। ठण्डई देने लगी। इतने में फिर किसी ने आकर कहा—भाट आया है, उसे कुछ दे दो। भाट के लिए सीधा निकाल रही थी कि एक तीसरे आदमी ने आकर पूछा—"अभी भोजन तैयार होने में कितना विलम्ब है? ज़रा ढोल मजीरा उतार दो।"

बेचारी अकेली स्त्री दौड़ते-दौड़ते व्याकुल हो रही थी, झुँझलाती थी, कुढ़ती थी, परन्तु रोष प्रकट करने का अवसर न पाती थी। भय होता, कहीं पड़ोसिनें यह न

कहने लगें कि इतने में ही उबल पड़ी। प्यास से उसका कण्ठ सूख रहा था। गर्मी के मारे फुँकी जाती थी, परन्तु इतना अवकाश भी नहीं था कि ज़रा पानी पी ले अथवा पंखा लेकर झले। यह भी खटका था कि ज़रा आँख हटी और चीज़ों की लूट मची।

इस अवस्था में बूढ़ी काकी को कढ़ाह के पास बैठा देखा तो जल गयी। क्रोध न रुक सका। इसका भी ध्यान न रहा कि पड़ोसिनें बैठी हुई हैं, मन में क्या कहेंगी, पुरुषों में लोग सुनेंगे तो क्या कहेंगे। जिस प्रकार मेंढक केंचुए पर झपटता है, उसी प्रकार वह बूढ़ी काकी पर झपटी और उन्हें दोनों हाथों से झिंझोड़कर बोली—"ऐसे पेट में आग लगे, पेट है या भाड़? कोठरी में बैठते क्या दम घुटता था? अभी मेहमानों ने नहीं खाया, भगवान को भोग नहीं लगा; तब तक धैर्य न हो सका? आकर छाती पर सवार हो गयीं। जल जाय ऐसी जीभ। दिन भर खाती न होतीं तो न जाने किस की हाँड़ी में मुँह डालतीं? गाँव देखेगा तो कहेगा बुढ़िया भरपेट खाने को नहीं पाती, तब तो इस तरह मुँह बाये फिरती है। डाइन मरे न माँचा छोड़े। नाम बेचने पर लगी है। नाक कटवा कर दम लेगी। इतना ठूँसती है, न जाने कहाँ भस्म हो जाता है। लो! भला चाहती हो तो जाकर कोठरी में बैठो, जब घर के लोग खाने लगेंगे तब तुम्हें भी मिलेगा। तुम कोई देवी नहीं हो कि चाहे किसी के मुँह में पानी न जाये परन्तु तुम्हारी पूजा पहले हो जाये।"

बूढ़ी काकी ने सिर न उठाया, न रोयीं, न बोलीं। चुपचाप रेंगती हुई अपनी कोठरी में चली गयीं। आघात ऐसा कठोर था कि हृदय और मस्तिष्क की सम्पूर्ण शक्तियाँ, सम्पूर्ण विचार और सम्पूर्ण भार उसी ओर आकर्षित हो गये थे। नदी में जब कगार का कोई बृहदखण्ड कटकर गिरता है तो आस-पास का जलसमूह चारों ओर से उसी स्थान को पूरा करने के लिए दौड़ता है।

भोजन तैयार हो गया। आँगन में पत्तल पड़ गये। मेहमान खाने लगे। स्त्रियों ने जेवनार गीत गाना आरम्भ कर दिया। मेहमानों के नाई और सेवकगण भी उसी मण्डली के साथ, किन्तु कुछ हटकर, भोजन करने बैठे थे, परन्तु सभ्यतानुसार जब तक सबके सब खा न चुकें कोई उठ नहीं सकता था। दो एक मेहमान जो कुछ पढ़े-लिखे थे, सेवकों के दीर्घाहार पर झुँझला रहे थे। वे इस बन्धन को व्यर्थ और बेसिर-पैर की बात समझते थे।

बूढ़ी काकी अपनी कोठरी में जाकर पश्चात्ताप कर रही थीं कि मैं कहाँ से कहाँ आ गयी। उन्हें रूपा पर क्रोध नहीं था। अपनी जल्दबाज़ी पर दुःख था। सच ही तो है जब तक मेहमान लोग भोजन न कर चुकेंगे घरवाले कैसे खायेंगे। मुझसे इतनी

देर भी नहीं रहा गया। सबके सामने पानी उतर गया। अब जब तक कोई बुलाने न आयेगा न जाऊँगी।

मन ही मन इसी प्रकार विचार कर वह बुलावे की प्रतीक्षा करने लगीं। परन्तु घी का रुचिकर सुवास बड़ा ही धैर्य-परीक्षक प्रतीत हो रहा था। उन्हें एक-एक पल एक-एक युग के समान मालूम होता था। अब पत्तल बिछ गये होंगे। अब मेहमान आ गये होंगे। लोग हाथ-पैर धो रहे हैं, नाई पानी दे रहा है। मालूम होता है लोग खाने बैठ गये। जेवनार गाया जा रहा है, यह विचार कर वह मन को बहलाने के लिए लेट गयीं और धीरे-धीरे एक गीत गुनगुनाने लगीं। उन्हें लगा मुझे गाते देर हो गयी। क्या इतनी देर तक लोग भोजन ही कर रहे होंगे? किसी की आवाज़ सुनायी नहीं देती। अवश्य ही लोग खा-पीकर चले गये। मुझे कोई बुलाने नहीं आया। रूपा चिढ़ गयी है, क्या जाने न बुलाये, सोचती हो कि अपने आप ही आवेंगी, वह कोई मेहमान तो है नहीं, जो उन्हें जाकर बुलाऊँ। बूढ़ी काकी चलने को तैयार हुई। यह विश्वास कि एक मिनट में पूड़ियाँ और मसालेदार तरकारियाँ सामने आयेंगी, उनकी स्वादेन्द्रियों को गुदगुदाने लगा। उन्होंने मन में तरह-तरह के मंसूबे बाँधे—पहले तरकारी से पूड़ियाँ खाऊँगी, फिर दही शक्कर से; कचौरियाँ रायते के साथ मज़ेदार मालूम होंगी। चाहे कोई बुरा माने चाहे भला, मैं तो माँग-माँग कर खाऊँगी। यही न लोग कहेंगे कि इन्हें विचार नहीं? कहा करें, इतने दिनों के बाद पूड़ियाँ मिल रही हैं तो मुँह झूठा करके थोड़े ही उठ जाऊँगी।

वह उकड़ूँ बैठकर हाथों के बल खिसकती आँगन में आयीं। परन्तु हाय रे दुर्भाग्य! अभिलाषा ने अपने पुराने स्वभाव के अनुसार समय की मिथ्या कल्पना की थी। मेहमान मण्डली अभी बैठी थी। कोई खाकर उँगलियाँ चाटता था, कोई तिरछे नेत्रों से देखता था कि ल़ोग अभी खा रहे हैं या नहीं? कोई इस चिन्ता में था कि पत्तल पर पूड़ियाँ छूटी जाती हैं किसी तरह इन्हें भीतर रख लेता। कोई दही खाकर जीभ चटखारता था, परन्तु दोना माँगते संकोच करता था कि इतने में बूढ़ी काकी रेंगती हुई उनके बीच में जा पहुँची। कई आदमी चौंक कर उठ खड़े हुए। पुकारने लगे—अरे यह कौन बुढ़िया है? यह कहाँ से आ गयी? देखो किसी को छू न दे।

पं. बुद्धिराम काकी को देखते ही क्रोध से तिलमिला गये। पूड़ियों का थाल लिए खड़े थे। थाल को ज़मीन पर पटक दिया और जिस प्रकार निर्दयी महाजन किसी बेईमान और भगोड़े आसामी को देखते ही झपटकर उसका टेंटुआ पकड़ लेता है उसी तरह लपककर उन्होंने बूढ़ी काकी के दोनों हाथ पकड़े और घसीटते हुए

लाकर उन्हें अँधेरी कोठरी में धम्म से पटक दिया। आशारूपी वाटिका लू के एक झोंके से नष्ट-विनष्ट हो गयी।

मेहमानों ने भोजन किया। घरवालों ने भोजन किया। बाजेवाले, धोबी, चमार भी भोजन कर चुके, परन्तु बूढ़ी काकी को किसी ने न पूछा। बुद्धिराम और रूपा बूढ़ी काकी को उसकी निर्लज्जता के लिए दण्ड देने का निश्चय कर चुके थे। उनके बुढ़ापे पर, दीनता पर, हतज्ञान पर किसी को करुणा न आती थी। अकेली लाड़ली उनके लिए कुढ़ रही थी।

लाड़ली को काकी से अत्यन्त प्रेम था। बेचारी भोली लड़की थी। बाल-विनोद और चंचलता की उसमें गन्ध तक न थी। दोनों बार जब उसके माता पिता ने काकी को निर्दयता से घसीटा तो लाड़ली का हृदय ऐंठ कर रह गया। वह झुँझला रही थी कि यह लोग काकी को क्यों बहुत सी पूड़ियाँ नहीं दे देते? क्या मेहमान सब की सब खा जायेंगे? और यदि काकी ने मेहमानों से पहले खा लिया तो क्या बिगड़ जायेगा? वह काकी के पास जाकर उन्हें धैर्य देना चाहती थी; परन्तु माता के भय से न जाती थी। उसने अपने हिस्से की पूड़ियाँ बिल्कुल न खायी थीं। अपनी गुड़ियों की पिटारी में बन्द कर रखी थीं। वह उन पूड़ियों को काकी के पास ले जाना चाहती थी। उसका हृदय अधीर हो रहा था। बूढ़ी काकी मेरी बात सुनते ही उठ बैठेंगी। पूड़ियाँ देखकर कैसी प्रसन्न होंगी! मुझे खूब प्यार करेंगी!

रात के ग्यारह बज गये थे। रूपा आँगन में पड़ी सो रही थी। लाड़ली की आँखों में नींद न आती थी। काकी को पूड़ियाँ खिलाने की खुशी उसे सोने न देती थी। उसने गुड़ियों की पिटारी सामने ही रखी थी। जब विश्वास हो गया कि अम्मा सो रही है; तो वह चुपके से उठी और विचारने लगी—कैसे चलूँ? चारों ओर अँधेरा था, केवल चूल्हों में आग चमक रही थी; चूल्हों के पास एक कुत्ता लेटा हुआ था। लाड़ली की दृष्टि द्वार के सामनेवाले नीम की ओर गयी। उसे मालूम हुआ कि उस पर हनुमान जी बैठे हुए हैं। उनकी पूँछ, उनकी गदा सब स्पष्ट दिखलाई दे रही थी। मारे भय के उसने आँखें बन्द कर लीं, इतने में कुत्ता उठ बैठा, लाड़ली को ढाढस हुआ। कई सोये हुए मनुष्यों के बदले एक जागता हुआ कुत्ता उसके लिए अधिकतर धैर्य का कारण हुआ। उसने पिटारी उठायी और बूढ़ी काकी की कोठरी की ओर चली।

बूढ़ी काकी को केवल इतना स्मरण था कि किसी ने मेरे हाथ पकड़कर घसीटे फिर ऐसा मालूम हुआ जैसे कोई पहाड़ पर उड़ाये लिए जाता है। उनके पैर बार-बार पत्थरों से टकराये तब किसी ने उन्हें पहाड़ पर पटका, वे मूर्च्छित हो गयीं।

जब वे सचेत हुईं तो किसी की ज़रा भी आहट न मिलती थी। समझा कि सब लोग खा-पीकर सो गये और उनके साथ मेरी तकदीर भी सो गयी। रात कैसे कटेगी? राम! क्या खाऊँ? पेट में अग्नि धधक रही है। हा! किसी ने मेरी सुध न ली! क्या मेरा ही पेट काटने से धन जुट जायेगा? इन लोगों को इतनी भी दया नहीं आती कि न जाने बुढ़िया कब मर जाये? उसका क्यों जी दुखायें? मैं पेट की रोटियाँ ही खाती हूँ कि और कुछ? इस पर यह हाल! मैं अन्धी-अपाहिज ठहरी, न कुछ सुनूँ न बूझूँ, यदि आँगन में चली गयी तो बुद्धिराम से इतना कहते न बनता था कि काकी अभी लोग खा रहे हैं, फिर आना। मुझे घसीटा, पटका। उन्हीं पूड़ियों के लिए रूपा ने सबके सामने गालियाँ दीं। उन्हीं पूड़ियों के लिए इतनी दुर्गति करने पर भी उनका पत्थर का कलेजा न पसीजा। सबको खिलाया, मेरी बात तक न पूछी। जब तब ही न दीं तो अब क्या देंगी?

यह विचार कर काकी निराशामय सन्तोष के साथ लेट गयीं। ग्लानि से गला भर-भर आता था, परन्तु मेहमानों के भय से रोती न थीं।

सहसा उनके कानों में आवाज़ आयी—"काकी उठो, मैं पूड़ियाँ लायी हूँ।"

काकी ने लाड़ली की बोली पहिचानी। चटपट उठ बैठीं। दोनों हाथों से लाड़ली को टटोला और उसे गोद में बिठा लिया। लाड़ली ने पूड़ियाँ निकालकर दीं। काकी ने पूछा—"क्या तुम्हारी अम्मा ने दी हैं?"

लाड़ली ने कहा—"नहीं ये मेरे हिस्से की हैं।" काकी पूड़ियों पर टूट पड़ीं। पाँच मिनट में पिटारी खाली हो गयी। लाड़ली ने पूछा—"काकी पेट भर गया?" जैसे थोड़ी सी वर्षा ठण्डक के स्थान पर और भी गर्मी पैदा कर देती है उसी भाँति इन थोड़ी सी पूड़ियों ने काकी की क्षुधा और इच्छा को उत्तेजित कर दिया था। बोलीं—"नहीं बेटी, जाकर अम्मा से और माँग लाओ।" लाड़ली ने कहा—"अम्मा सोती हैं, जगाऊँगी तो मारेंगी।"

काकी ने पिटारी को फिर टटोला। उसमें कुछ खुर्चन गिरे थे। उन्हें निकालकर वे खा गयीं। बार-बार होंठ चाटती थीं, चटखारें भरती थीं।

हृदय मसोस रहा था कि और पूड़ियाँ कैसे पाऊँ। सन्तोष सेतु जब टूट जाता है तब इच्छा का बहाव अपरिमित हो जाता है। मतवालों को मद का स्मरण कराना उन्हें मदान्ध बनाना है। काकी का अधीर मन इच्छा के प्रबल बहाव में बह गया। उचित और अनुचित का विचार जाता रहा। वे कुछ देर तक उस इच्छा को रोकती रहीं। सहसा लाड़ली से बोली—"मेरा हाथ पकड़कर वहाँ ले चलो जहाँ मेहमानों ने बैठकर भोजन किया है।"

लाड़ली उनका अभिप्राय समझ न सकी। उसने काकी का हाथ पकड़ा और ले जाकर जूठे पत्तलों के पास बिठला दिया। दीन, क्षुधातुर, हतज्ञान बुढ़िया पत्तलों से पूड़ियों के टुकड़े चुन-चुन कर भक्षण करने लगी। ओह! दही कितना स्वादिष्ट था, कचौरियाँ कितनी सलोनी, खस्ता कितने सुकोमल। काकी बुद्धिहीन होते हुए भी इतना जानती थी कि मैं जो काम कर रही हूँ वो मुझे कदापि नहीं करना चाहिए। मैं दूसरों के जूठे पत्तल चाट रही हूँ, परन्तु बुढ़ापा तृष्णा-रोग का अन्तिम समय है, जब सम्पूर्ण इच्छाएँ एक ही केन्द्र पर आ जाती हैं। बूढ़ी काकी का यह केन्द्र उनकी स्वादेन्द्रिय थी।

ठीक उसी समय रूपा की आँख खुली। उसे मालूम हुआ कि लाड़ली मेरे पास नहीं है। वह चौंकी, चारपाई के इधर-उधर ताकने लगी कि कहीं नीचे तो नहीं गिर पड़ी। उसे वहाँ न पाकर वह उठ बैठी तो क्या देखती है कि लाड़ली जूठे पत्तलों के पास चुपचाप खड़ी है और बूढ़ी काकी पत्तलों पर पूड़ियों के टुकड़े उठा-उठाकर खा रही है। रूपा का हृदय सन्न हो गया। किसी गाय की गर्दन पर छुरी चलते देख कर जो अवस्था उसकी होती, वही उस समय हुई।

एक ब्राह्मणी दूसरों का जूठा पत्तल टटोले, इससे अधिक शोकमय दृश्य असम्भव था। पूड़ियों के कुछ ग्रासों के लिए उसकी चचेरी सास ऐसा पतित और निकृष्ट कर्म कर रही है! यह वह दृश्य था जिसे देखकर देखने वालों के हृदय काँप उठते हैं। ऐसा प्रतीत होता मानो ज़मीन रुक गयी, आसमान चक्कर खा रहा है। संसार पर कोई नयी विपत्ति आनेवाली है। रूपा को क्रोध न आया। शोक के सम्मुख क्रोध कहाँ? करुणा और भय से उसकी आँखें भर आयीं। इस अधर्म के पाप का भागी कौन है? उसने सच्चे हृदय से गगन-मण्डल की ओर हाथ उठाकर कहा—"परमात्मा, मेरे बच्चों पर दया करो, इस अधर्म का दण्ड मुझे मत दो नहीं तो हमारा सत्यानाश हो जायेगा।"

रूपा को अपनी स्वार्थपरता और अन्याय इस प्रकार प्रत्यक्ष रूप में कभी न दिखाई पड़ा था। वह सोचने लगी—हाय! कितनी निर्दय हूँ मैं। जिसकी सम्पत्ति से मुझे दो सौ रुपया वार्षिक आय हो रही है, उसकी यह दुर्गति! और मेरे कारण। हे दयामय भगवन! मुझसे भारी चूक हुई, मुझे क्षमा करो। आज मेरे बेटे का तिलक था सैकड़ों मनुष्यों ने भोजन पाया। मैं उनके इशारों की दासी बनी रही। अपने नाम के लिए सैकड़ों रुपये व्यय कर दिये, परन्तु जिसकी बदौलत हज़ारों रुपये खाये उसे इस उत्सव में भी भरपेट भोजन न दे सकी। केवल इस कारण तो, वह वृद्धा है, असहाय है!

रूपा ने दिया जलाया, अपने भण्डार का द्वार खोला और एक थाली में सम्पूर्ण सामग्रियाँ सजाकर, लिए हुए बूढ़ी काकी की ओर चली।

आधी रात जा चुकी थी, आकाश पर तारों के थाल सजे हुए थे और उन पर बैठे हुए देवगण स्वर्गीय पदार्थ सजा रहे थे, परन्तु उनमें किसी को वह परमानन्द प्राप्त न हो सकता था जो बूढ़ी काकी को अपने सम्मुख थाल देखकर प्राप्त हुआ था। रूपा ने कंठावरुद्ध स्वर में कहा—"काकी उठो, भोजन कर लो। मुझसे आज बड़ी भूल हुई, उसका बुरा न मानना। परमात्मा से प्रार्थना कर दो कि वह मेरा अपराध क्षमा कर दे।"

भोले-भाले बच्चों की भाँति, जो मिठाइयाँ पाकर मार और तिरस्कार सब भूल जाते हैं, बूढ़ी काकी बैठी हुई खाना खा रही थीं। उनके एक-एक रोयें से सच्ची सदिच्छाएँ निकल रही थीं और रूपा बैठी इस स्वर्गीय दृश्य का आनन्द लूटने में निमग्न थी।

(प्रेमचन्द की यह कहानी 1918 में उर्दू में लिखी गयी तथा उर्दू की पत्रिका तहज़ीबे निसवाँ में छपी। तदनन्तर यही कहानी हिन्दी में रूपान्तरित हो 1921 में 'श्रीशारदा' नामक हिन्दी पत्रिका में छपी थी।)

जयंती रंगनाथन

ज़िन्दगी में काफ़ी कुछ वही किया, जो अच्छा लगा और ठान लिया। एम.कॉम. करने के बाद बैंक की नौकरी ठुकराकर पत्रकारिता में उतर आयी। 'धर्मयुग' पत्रिका में दस साल काम करने के बाद चुनौती की तरह सोनी एंटरटेनमेंट टेलीविज़न में एक नयी चौंकाने वाली दुनिया में क़दम रखा। तीन साल बाद एक शाम मुम्बई से दिल्ली चली आयी महिला पत्रिका 'वनिता' की सम्पादक बनकर। वहाँ से *अमर उजाला* से होते हुए अब दैनिक हिन्दुस्तान में एक्ज़ीक्यूटिव एडिटर और नन्दन की सम्पादक के तौर पर कार्यरत। नौकरी वाली सुरक्षा की छतरी तले वही लिखा और तभी लिखा, जब और जो मन किया।

प्रकाशित कृतियाँ : *आसपास से गुज़रते हुए, ख़ानाबदोश ख़्वाहिशें, औरतें रोती रहीं* (उपन्यास); *एक लड़की दस मुखौटे, गीली छतरी* (कहानी संग्रह); *30 शेड्स ऑफ़ बेला* (फेसबुक धारावाहिक उपन्यास); *बॉम्बे मेरी जान* (संस्मरणात्मक उपन्यास); *बाला और बनी* (ऑडियो बुक); *सोने की ऐनक* (बच्चों की फ़िल्म); *स्टार यार कलाकार, हादसे, लव स्टोरीज़* (धारावाहिक)।

उस दुनिया की 'ज्योति'

—जयंती रंगनाथन

अँधेरी तंग गलियों के भीतर-भीतर, गर्द और गुबार से आगे मैं एक ऐसी दुनिया के सामने खड़ी थी, जो अपने आप में एक अनूठा संसार था। फूलों और रंग-बिरंगी पन्नियों से सजा दो तल्ले वाला मकान। बारिश की बूँदें कभी तेज-कभी धीमी हो रही थीं। मैं हाथ में छाता लिए मकान के सामने खड़ी थी। बाहर से सुनायी पड़ रहा था गाजे-बाजे, ढोल और तेज बजता संगीत। गाने वाले की आवाज भी माशाअल्लाह तीखी थी। बैठी-बैठी सी आवाज में भजन टाइप कोई चीज। मैंने इधर-उधर नज़र दौड़ाई। मैं पहले आ चुकी हूँ धारावी। पर पहली बार हिजड़ों की बस्ती से वाबस्ता हो रही थी।

वो भी ज्योति के बुलाने पर। अचानक शोर सा उठा। बरसात की कोई परवाह किये बगैर दसेक हिजड़े चक्कर लेते हुए ताली बजाने लगीं और नाचने लगीं। उनके सामने छोकरे टाइप लड़के फूल बिछाते जा रहे थे। कुछ नोट भी उछाल रहे थे। मैं पीछे हटने लगी। कहीं से ज्योति आयी और मेरा हाथ पकड़कर खींचती हुई भीड़ से थोड़ी दूर लेकर गयी, 'तुम इतना देरी से आयी? मैंने तो तेरेकू पाँच बजे आने को बोली थी ना?' मैंने धीरे-से कहने की कोशिश की, 'लोकल ट्रेन रुक गयी थी, ठाणे से...' 'चल कोई वांदा नहीं। तू मेरे साथ अन्दर चल। अभी तो लम्बा चलेगी ये सब, नाच-गाना। तू कुछ लेगी कोल्ड ड्रिंक-बील ड्रिंक?' मैंने नहीं में सिर हिलाया। वह हाथ झकझोरकर बोली, 'अरे, इधर शर्माने का नई रे।' फिर ज्योति ने मुझसे तमिल में कहा, 'इपड़ी मुयक्यादै ड़ी। एन्ना भयमा? (ऐसे मत देख री, क्या डर लग रहा है?)' ज्योति... जाहिर है तमिल भाषी थी, इसलिए पहली मुलाकात में खुलकर बोलने लगी थी मुझसे।

मैं उन दिनों बिजनेस इंडिया टीवी में इनहाउस राइटर थी। और मुझे हिजड़ों पर बन रही एक डाक्यूमेंट्री के लिए पटकथा लिखनी थी।

इसी सिलसिले में हम दो हिजड़ों से मिलने गये और बातों-बातों में मेरे साथी राजेन्द्रन की उनसे झड़प हो गयी। हिजड़ों ने हमारे साथ बात करने से मना कर दिया। किसी तरह उन्हें मनाया गया, वो एक शर्त पर बातचीत करने को राजी हुई कि उनसे बात मैं करूँगी, क्योंकि मैं उनकी भाषा तमिल बोलती थी।

तय हुआ कि उन दोनों हिजड़ों कल्याणी और ज्योति के साथ मैं अगले शनिवार को भांडुप में मिलूँगी। शनिवार दोपहर चार बजे मैं भांडुप स्टेशन के बाहर निकली, तो दिल में धुकपुक सी मची थी। स्टेशन के बाहर ऑटो स्टैंड के पास वह मुझको लेने बीसेक मिनट इन्तज़ार के बाद आयी। साथ में एक सीकिंया टाइप लड़का। बेहद टाइट जीन्स और लाल रंग की टीशर्ट में। ज्योति हाँफ रही थी। उसने आते ही मेरा हाथ पकड़ कर कहा, 'सॉरी, मैं क्या करती? नानी गुरुजी आयी हैं आज घर पर। बहुत काम था। चल, कल्याणी अक्का वेट करती है।' ऑटो में उसने मुझे पहले बैठने को कहा, मेरे बगल में ज्योति और फिर वो सींकिया पहलवान। ज्योति के शरीर से अजीब सी पसीने की गन्ध आ रही थी। जैसे ही ऑटो ने स्टेशन रोड से निकलकर एक तंग गली की राह ली, मन किया वहीं से यूटर्न कर लूँ। ऑटो रुकते-रुकाते एक जर्जर बिल्डिंग के पास पहुँची। भीड़। आसपास झोपड़-पट्टी। सड़क किनारे मछली बेचती औरतें। उससे आगे कुछ रेस्तरां और बार। पानी की दुकानें। गली में तेजी से इधर-उधर जाते लोग। ज्योति ने मुझसे कहा, 'इधरीच रहती है मैं।' ऑटो से उतरने के बाद उसने सींकिया पहलवान से कहा, 'बाबू, जल्दी से दो थम्स अप ले के आ।' सींकिया पहलवान के जाते ही ज्योति मेरा हाथ पकड़कर बिल्डिंग के अन्दर ले आयी। मैं ही अजीब महसूस कर रही थी। दो मंजिला बिल्डिंग में नीचे कुछ दसेक खोलियाँ होंगी। बड़ा-सा दालान। रस्सियों में सूखते कपड़े। रंग-बिरंगी साड़ियाँ, रंग उड़े पेटिकोट और ब्लाउज। कपड़ों के बीच से सरसराते हुए वह मुझे एक कमरे में ले आयी। वहाँ पहले से काफ़ी लोग जमा थे। ज़्यादातर हिजड़े। कुछ आदमी और एकाध औरतें। कमरे में दिन के समय भी तेज रोशनी थी। बीचोबीच फैले हुए पलँग पर एक बुजुर्ग सी हिजड़ा बैठी थी। पैर नीचे को लटके हुए। दो युवा सी दिखने वाली हिजड़ा पैर दबा रही थीं। दूसरी अखरोट तोड़ कर उसे गिरी खिला रही थी। ज्योति मेरा हाथ छोड़ कर तेजी से उसके पास गयी और कान से सट कर

कुछ कहने लगी। अब सबका ध्यान मेरी तरफ़ गया। ज्योति ने वहीं से मुझे आवाज दी, 'इधर आ जा। हमारी बड़ी गुरु हैं। हम सबकी नानी।' नानी ऐसी शख्स थी, जिसके सामने सब सिर झुकाकर बैठते थे। बड़े सम्मान से बात कर रहे थे।

कल्याणी बड़ी उम्र की थी। उसकी कहानी थी—जन्म से सदाशिवन। वडम्बाचैरि गाँव में एक गरीब लोहार के परिवार में। अप्पा कोयम्बतूर में एक फैक्ट्री में काम करते थे। घर में तीन बच्चे। सदाशिवन बड़ा बेटा। यह पूछने पर कि उसे कब अहसास हुआ कि वह सामान्य नहीं है, कल्याणी ने जोश से कहा, 'कौन बोला हम नार्मल नहीं है? भगवान ने ऐसे ही बनाया हमको। भगवान को जो मंजूर। मेरे को कभी नहीं लगा कि मेरे को कुछ प्रॉब्लम है।' सदाशिवन स्कूल में था। शायद दसवीं में। अप्पा की तबीयत खराब हुई तो उसे फैक्ट्री में काम करने जाना पड़ा। वहीं एक दिन ठेकेदार ने रात को उसे रोका और उसका बलात्कार किया। कल्याणी ने शान्त आवाज में कहा, 'उस दिन मेरे को पता चला कि मैं कौन हूँ। बस, मैं घर से भाग गयी। कोयम्बतूर से ट्रेन पकड़कर मुम्बई। धारावी में मुझको मेरी गुरु मिली... वो ही मेरे को नासिक लेकर गयी। पिछले आठ साल से इधर गुरु के पास रहती है। पहले मैं कमाठीपुरा में धन्धा करती थी। पिछले साल छोड़ दिया। अब हफ्ता का काम करती है।'

ज्योति ने अपनी बात शुरू करने से पहले बताया : हिजड़े अपने परिवार वालों से अलग ज़रूर रहते हैं, पर मन ही मन वो अपने परिवार को बहुत याद करते हैं। अगर उन्हें परिवार में सम्मान के साथ रहने का मौका मिले तो वो कभी अपने माँ-बाप से अलग नहीं होना चाहेंगे। उसी ने बताया कि दक्षिण के हिजड़े और उत्तर भारत के हिजड़ों में आपस में नहीं बनती। हालाँकि एक बार जिनको गुरु मान लिया, उसके सभी चेले आपस में बहनों की तरह रहती हैं। लेकिन वहाँ भी ऊँच-नीच बहुत है। गुरु की प्रसिद्धि इस बात पर है कि चेलियाँ उसे कितना कमा कर देती हैं। जो गुरु जितना ज़्यादा सोने के आभूषण पहनेगी, उसकी उतनी इज़्ज़त बढ़ेगी। बढ़िया साड़ी, लजीज खानपान और चेलियों का हुजूम बताता है कि गुरु कितनी ताकतवर है। अगर गुरु किसी गलत धंधे से जुड़ी है, लड़कियों की खरीद-फरोख्त, स्मगलिंग, चोरी-चकारी, तो उससे जुड़ी चेलियाँ भी इसी काम को आगे बढ़ाएँगी। गुरु चुनते समय अगर इस बात की सावधानी नहीं रखी जायेगी, तो ना चाहते हुए भी चेली को उस काम से जुड़ना पड़ेगा।

ज्योति की कहानी कुछ यूँ थी : कल्याणी की तुलना में उसका जन्म ठीक से परिवार में हुआ था। जब वह पैदा हुई, तो अम्मा ने बड़े प्यार से नाम रखा सुरेश।

उससे पाँच साल बड़ा मुरुगन। अप्पा स्टेशन में काम करते थे। अम्मा बेहद मेहनती। घर को साफ-सुथरा रखती। किसी चीज की कमी नहीं। घर में फ्रिज भी था और टीवी भी। वो खुद पापड़ बनाती। मुरुगन शुरू से हट्टा-कट्टा था। सुरेश नाजुक—शरीर से भी और मन से भी। हमेशा अम्मा के आगे-पीछे घूमता। अम्मा ने भी लम्बे समय तक उसे लहँगा और ब्लाउज में रखा। उनको बड़ी हसरत थी बेटी की। अप्पा अम्मा को लताड़ते कि उन्होंने अपने बेटे को जनाना बना रखा है। अप्पा को बिल्कुल पसन्द नहीं था कि सुरेश उनके सामने लहँगा-ब्लाउज में आये। सुरेश स्कूल जाने लगा, तब जाकर उसने पैंट-शर्ट पहनना शुरू किया। स्कूल में उसकी दोस्ती लड़कियों से ही थी। वह उनके साथ खेलता, खाना खाता। पढ़ाई में ठीक था सुरेश। स्कूल के बाद वह लड़कों के साथ आवारागर्दी करने के बजाय घर लौट कर अम्मा की मदद करता। पापड़ बनाता, सुखाता, उनको गिनकर पैकेट में रखता और दुकान पहुँचाता। अम्मा उसके लिए खास गुड़ की खीर बनाती, अपने हाथों से खिलाती। उस वक्त उसकी उम्र बारह-तेरह साल की रही होगी, मारिअम्मन मन्दिर में सालाना समारोह था। बच्चे नाच-गाने के कार्यक्रम की तैयारी कर रहे थे। ऐसे कार्यक्रमों में लड़के ही भाग लेते थे। उन्हें देवी की भूमिका के लिए कोई नहीं मिला। सुरेश ने इससे पहले कभी किसी नाच-गाने वाले कार्यक्रम में भाग नहीं लिया था। मन्दिर के पुजारी के बेटे गणेश ने उसे मना लिया। सुरेश के सामने रंगीन साड़ियाँ, चमकते गहने, फूलों का ढेर लगा था। और उस समय उसे ऐसा लग रहा था मानो मारिअम्मन देवी खुद उससे कह रही हो—तुम लड़का नहीं, लड़की हो। अपने आपको पहचानो। सुरेश ने खूब सुन्दर-सी हरे रंग में लाल पाड़ वाली साड़ी पहनी। नकली बालों की वेणी बनाई। ढेर सारे मोंगरे और कनकाबरम फूल लगाये। माथे पर कुंकुम। गले में फूलों की माला। हाथों में काँच की चूड़ियाँ। पैरों में फूलों की पायल। आईने में जब अपने को देखा, तो लगा कि यही तो वह रूप है, जिसमें वह खुद को देखना चाहती है। जिस्म भले उसका एक नर का हो, अन्दर से तो वह नारी है। कार्यक्रम देखने पहुँचे लोग आपस में पूछते रहे कि देवी कौन बना है? यह तो लड़का लगता ही नहीं, इस मोहल्ले में ऐसी कौन-सी लड़की है जो मन्दिर में नाच-गाने को तैयार हो गयी? धीरे-धीरे फुसफुसाहटों के बीच सबको पता चल गया कि यह तो सुरेश है, रेलवे वाले का बेटा। मुरुगन का भाई।

घर पर उसके स्वागत की कुछ दूसरी ही तैयारियाँ चल रही थीं। सुरेश अपने उसी रूप में घर पहुँचा। मुरुगन ने उसे अन्दर आने नहीं दिया। अप्पा बेल्ट

उठा लाये। भाई और अप्पा ने घर के बाहर ही उससे कपड़े उतरवाये। सुरेश शर्म से गड़ने लगा। इसलिए नहीं कि उसे लताड़ पड़ी, इसलिए कि सबके सामने उसे कपड़े उतारने पड़ रहे हैं। सुरेश ने आनाकानी की, तो मुरुगन का एक झन्नाटेदार थप्पड़ गाल पर पड़ा। सुरेश स्तब्ध था। अम्मा रोने लगी। अप्पा गरजने लगे, 'मेरा बेटा होकर ऐसा काम कर रहा है? मुझे अपने घर में मन्दिरियम अली (हिजड़ा) नहीं चाहिए।'

ज्योति ने भावुक होकर कहा, 'उस दिन पहली बार मुझे अपने लिए हिजड़ा सुनने को मिला। उस दिन के बाद से सुरेश के सोचने-समझने का ढंग बदल गया। पर घर पर वह बहुत खुल कर अपनी बात नहीं कर पाता था। अप्पा और मुरुगन की तो परछाईं से भी वह दूर रहने की कोशिश करता। अम्मा अब पहले की तरह उसे गोद में बिठाकर दुलारती नहीं थीं। अप्पा का सख्त आदेश था कि सुरेश को आदमी बनने दो। सुरेश अपनी खोल में सिमटता जा रहा था। दसवीं में उसका सेकेंड डिवीजन आया। अब बड़ा सवाल कि आगे क्या करे? अप्पा चाहते थे कि वह कॉमर्स की पढ़ाई करके बैंक में नौकरी करे। सुरेश की दिलचस्पी संगीत में थी। वह नाच सीखना चाहता था। पर वह कभी घर में अपनी इच्छा नहीं बता पाया। अप्पा की वजह से स्कूल में उसे कॉमर्स लेना पड़ा। कॉमर्स कठिन था। स्कूल में लड़कों का रुख बदतर होता जा रहा था। दूसरी तरफ़ क्लास की लड़कियों को उसका उनसे इस तरह चिपककर बैठना भी अखरने लगा था। वह जब उनसे उनके गहनों और कपड़ों के बारे में बात करता, वो हँसती हुई वहाँ से चली जातीं। सुरेश उस समय तक भीतर से पूरी तरह एक लड़की बन चुका था। पर दिक्कत थी कि कोई उसे एक लड़की की तरह देखना नहीं चाहता था। पढ़ाई से उसका दिल हटने लगा। स्कूल से घर के रास्ते में एक पुरानी हवेली पड़ती थी। एक दिन वह स्कूल के बाद हवेली के अन्दर चला गया ऊपरी मंजिल पर बैठकर अपने बारे में सोचने लगा। कुछ समय बाद उसे नीचे कुछ लोगों के आने की आहट सुनायी पड़ी। वह डर गया। उसने ऊपर से झाँककर देखा—पाँचेक आदमी थे, हर उम्र के। वे जोर-जोर से हँस रहे थे, गा रहे थे। उन लोगों ने दालान में जाकर अपना कन्धे पर लटके बड़े बैग से कपड़े निकालने शुरू किये। सुरेश यह देखकर अचम्भित रह गया कि वे साड़ी और लहँगे निकाल रहे थे। सबने एक-दूसरे को साड़ी-ब्लाउज, लहँगे में तैयार किया। हाथों में चूड़ियाँ पहनीं, माथे पर बिन्दी लगायी और सब गोल घेरा बनाकर नाचने लगे। जब वे ताली बजाते, तो अजीब सी ध्वनि आती। खट! सुरेश का माथा ठनका। बिल्कुल उसकी तरह ताली

बजा रहे थे वे लोग। सुरेश अभिभूत-सा उनको देखता रह गया। वे लोग हँस रहे थे, झूम रहे थे, नाच रहे थे! वही सब, जो सुरेश करना चाहता था। कुछ समय बाद वे लोग वापस अपने पुराने वेश में आ गये और वहाँ से चले गये। उन सबके जाने के बाद सुरेश वहाँ से निकलकर घर आया। अगले दिन इतवार था। खाना खाने के बाद वह हवेली पहुँचा। हवेली के अन्दर हलचल-सी थी। सधे पाँवों से वह अन्दर बढ़ा। दालान में वे लोग थे। नाचते-गाते...सुरेश को देखकर सब ठिठक गये। उनमें जो सबसे लम्बा था, उसने कड़ककर पूछा, 'ऐ लड़के, यहाँ क्या करने आया है? चल भाग।' सुरेश रोने लगा, जोर-जोर से और भाग कर उनके गले लग गया।

ज्योति कहते-कहते रुक गयी। उसकी आँखें छलछला रही थीं। अपने साड़ी के पल्लू से आँखें पोंछते हुए वह हँसने लगी, 'नान अयलै डी। अपड़िए संदोषम। (मैं रो नहीं रही। अभिभूत हूँ।)'

अचानक नीचे शोर-सा उठा। मैंने खिड़की के पास जाकर देखा, नीचे लोगों का आना-जाना बढ़ गया था। पाँच मिनट बाद ज्योति भागती हुई आयी, 'नानी की तबीयत खराब हो गयी है। मेरे को नीचे जाना पड़ेगी। तू भी निकल जा। नीचे से स्टेशन के लिए ऑटो मिल जायेगी। सोलह तारीख को धारावी में मेरी गुरु बहन की शादी है। तू पता लिख ले... उधर मैं रहेगी। शाम को पाँच बजे। टाइम पर आने का। तेरे को बाकि का स्टोरी उधर सुनाएगी।'

ज्योति के बुलाने पर मैं धारावी में हिजड़ों की शादी में शामिल होने आयी थी। ज्योति ने कहा था कि वो मुझसे यहाँ पूरी बात बतायेंगी। शादी वाला घर पहचानने में दिक्कत नहीं हुई। घर के बाहर भीड़ थी। आदमियों ने सिर पर पगड़ी बाँधी थी। औरतों ने कायदे से सीधे पल्ले की साड़ी पहनी थी। और घेर बनाये हिजड़े, खूब सजे-धजे। इत्र की तेज सुगन्ध से गमकते। मकान के बाहर कढ़ाही चढ़ी हुई थी। जलेबियाँ तली जा रही थीं। कुछ कद्दावर से हिजड़े वहीं खड़े होकर बच्चों को भगा रहे थे कि वे आकर जलेबी ना खा जायें। तेज बजते फिल्मी गाने। मकान के हिजड़े नाच रहे थे। मैं वहाँ रुक गयी। ज्योति आयी और मेरा हाथ पकड़कर अन्दर ले गयी। देर से आने की शिकायत के बाद उसने मुझे ठण्डा पिलाया। मुम्बई की चिपचिपी गर्मी में वह पसीना-पसीना हो रही थी। पर पहली बार मैंने उसे इतना सजा-धजा देखा। बैंगनी रंग की चैक वाली साड़ी। हरे रंग का तीन चौथाई ब्लाउज। गले में तीन हार। एक चौकर टाइप। एक लम्बा चेननुमा और एक में बड़ा-सा लाकेट।

जिसमें कोई देवी-सी बनी थी। बालों को जूड़ा बनाकर उसने ढेर सारा फूल लगाया था। आँखों में सूरमा और बड़ी-सी लाल बिंदी। होंठों पर लाल लिपस्टिक। कानों में दक्षिण भारतीय कोड़कड़कन (झुमका), नाक में हीरे की लौंग। भव्य-सी लग रही थी ज्योति। उसे देखकर यह अनुमान लगाना मुश्किल था कि कभी वह सुरेश रही होगी। 'चल अन्दर, तुझे मैं अपनी गुरु से मिलाती हूँ।' भीड़ में खींचकर मुझे अन्दर ले गयी। कमरा खूब सजा हुआ। हर तरफ़ गेंदे के फूलों की माला। बीच में बड़ा-सा झूला। ज्योति ने मुझे झूले पर बिठा दिया, वहाँ पहले से एक हिजड़ा बैठी थी। मुझे देखकर वह मुस्कराने लगी। ज्योति उनके पाँवों के पास बैठकर बोली, 'अम्मल, ये लड़की फिल्म बनाने आयी है। जयंती, मेरे गाँव की है। तुमसे मिलना है कह के बोली।' ज्योति की अम्मल ने मेरे दोनों हाथ अपने माथे पर लगाकर कहा, 'ओहो। कितना अच्छा हुआ, तुम आयी। ज्योति मेरी बहुत प्यारी चेली है। मेरी जान है। उसके लिए अच्छा-अच्छा लिखना।' ज्योति गुरु की गोद में सिर रखकर बोली, 'अम्मल मेरी लिए अम्मा से भी बढ़ कर है। ये मुम्बई में नहीं मिलतीं, तो मैं मर जाती। इनके वास्ते मैं जान भी दे सकती है।' मैं आश्चर्य से दोनों की तरफ़ देखती रही। ज्योति की अम्मल का चेहरा मुलायम था। सफेद बाल। गुलगुली सी, प्यारी-प्यारी। क्या रिश्ता है दोनों के बीच? कितना अपनापन, कितना विश्वास। अम्मल तुरन्त बोली, 'ज्योति चेली, अपनी फ्रेंड के लिए कुछ खाने के लिए ले आ। जलेबी लाती है, तो मैं भी खाती है।' इसके बाद ज्योति मुझे अपनी गुरु बहन से मिलाने ले गयी, जिसकी शादी हो रही थी। ज्योति ने शादी के बारे में रोचक बात बतायीं, कई बार गुरु अपना कुनबा बढ़ाने के लिए दो समूहों के बीच शादी रचाते हैं। हिजड़ा शादी में ज़रूरी नहीं कि शादी दूसरे हिजड़े से ही हो। यहाँ भी कोथी-पन्थी (स्त्री-पुरुष) के बीच ही रिश्ता होता है। जो हिजड़े जन्मत: लिंग हीन होते हैं, या वे जो ऑपरेशन करवाकर औरत बन जाते हैं, वे उससे शादी करते हैं, जिसका लिंग है। ट्रांसजेंडर या गे से। कई बार सामान्य व्यक्ति भी हिजड़े से शादी करना चाहता है। इस समय शादी दो समूह के हिजड़ों की हो रही थी। इस शादी के बाद अम्मल और भी ताकतवर होने जा रही थी। जिस दूसरे गुरु के कुनबे में शादी थी, वो अम्मल को अपना गुरु मानती थी। इस तरह अम्मल को इस शादी के बाद एक और कुनबा हासिल होने वाला था। ज्योति ने बताया कि दूसरे कुनबे में ज़्यादातर हिजड़े सेक्स वर्कर हैं। क्योंकि उसी पेशे में कमाई सबसे ज़्यादा है। यही नहीं, उस कुनबे के हिजड़े फिल्मों में भी एक्स्ट्रा का काम करते हैं। ज्योति बोली,'अम्मल कभी नहीं बोलती, इतना पैसा लाने का। नयी साड़ी, सोना-बीना। इधर दूसरे गुरु लोग बहुत प्रेशर डालते।

झक मार कर पैसा कमाने के वास्ते सेक्स करना पड़ती। वो लोगोन को देखी, कितना सोना पहनी? कैसी तो मस्त सिल्क का साड़ी पहनी, नायलॉन पहनी। हम लोग कॉटन पहनती। सिंपल रहती। ...अब मालूम नहीं क्या होगी? नयी गुरु क्या-क्या नया करने को बोलेगी?' ज्योति इस बात से खासी परेशान भी लग रही थी। शादी के रस्म शुरू होने से पहले दोनों कुनबे की गुरु बाहर बने शामियाने में इकट्ठा हो गयीं और साथ में घेरा बनाकर नाचने लगीं। पीछे बहुत तेज फिल्मी गाना बजने लगा—ये बन्धन तो प्यार का बन्धन है...। शामियाने से लगे हुए चौकी पर मिट्टी से एक देवी की आकृति बनी थी। ज्योति कान के पास आकर फुसफुसाई, 'बहुचरा देवी। गुजरात में मेहसाना में बहुत बड़ी मन्दिर। हमारी देवी माता। हम उधरीच गये थे गया हफ्ता। दोनों गुरु के साथ। साउथ में जैसी रेणुका माता, वैसी नार्थ में बहुचरा माता। मुर्गा की सवारी करती है।' देखते-ही-देखते माता की मूरत के आसपास हिजड़े जमा हो गये। एक चाँदी की थाल में अगरबत्ती, कपूर और सिन्दूर लेकर आरती करने लगे। जय बहुचर माता, जय बहुचर माता... इसके बाद दोनों गुरु एक-दूसरे को सिन्दूर पोतने लगे। उनके गले मिलते ही शामियाने में हो-हल्ला शुरू हो गया। दूल्हा-दुल्हन लाल जोड़े में स्टेज पर बैठे थे। उनके हाथ में गेंदे के फूल की माला दी गयी। दोनों ने एक-दूसरे को माला पहनायी। एक-दूसरे को सिन्दूर लगाया। हो गया दो कुनबों का मिलन। मैं एक कोने में खड़ी यह हो-हल्ला देख रही थी। ज्योति अन्दर-बाहर दौड़-धूप कर रही थी। दुल्हन के लिए तरह-तरह के उपहार आये थे। अम्मल को भी ढेर से तोहफे मिले। दूसरे कुनबे के हिजड़े लगातार कुछ न कुछ लेकर उनके पास आ रहे थे। ज्योति उनके हाथ से उपहार लेकर अन्दर रखती जा रही थी। आधे घण्टे बाद गहमागहमी कुछ खत्म सी हुई। अब बस हिजड़े फिल्मी गानों पर ठुमके लगा रहे थे। थोड़ी देर पहले गरबा नृत्य भी हो चुका था। ज्योति मेरे पास आयी, 'खाना खायेगी ना तू इधर? अम्मल बोली, तेरे को खाने खिलाने को।' 'तेरी गुरु मुझे अच्छी लगी ज्योति।' मैंने कुछ रुककर कहा। ज्योति ने मेरा हाथ पकड़ लिया, 'सच्ची। तेरे को अच्छी लगी? बहुत मजाक करती हैं। हँसती रहती हैं। मेरे को कभी लगा ही नहीं कि मैं अपनी घर से दूर रहती है।' 'तू अम्मल से कैसे मिली?' 'चल ऊपर कमरे में। तेरे को बाकि का स्टोरी भी तो सुनानी है।'

सुरेश की ज़िन्दगी पहले सी नहीं रही। मणिकंदन था वो शख्स, जिसके गले लगकर सुरेश फूट-फूट कर रोया था। मणिकंदन ट्रांसजेंडर था। अगरबत्ती का बिजनेस करता था। शादीशुदा था। परिवार वाले नहीं जानते थे कि वह ट्रांसजेंडर है। पचासेक साल

का मणिकंदन सुरेश को एक नयी दुनिया में ले गया। मणि ने सुरेश को दुल्हन की तरह सजाया और उसका नाम रखा ज्योति। 'मुझे वो सब अच्छी लगी। मेरे साथ जो कुछ हो रही थी, कुछ अलग थी, मणिसार मेरे को बहुत मोहब्बत करती। मेरे को हाथ से खाना खिलाती, मेरे लिए हलवा, चॉकलेट लाती। हर शनिवार को उन लोगोन के साथ मैं एक औरत बनती थी। वो सब लोग हिजड़ा नहीं थी। दो लोग हिजड़ा थी, बाकि गे और ट्रांस। मेरे को सबने फर्क समझाया। मैं भी ट्रांस थी। इधर आकर ऑपरेशन करवाने के बाद पूरी औरत बनी।'

सुरेश बारहवीं पास नहीं कर पाया। घर में भूचाल आ गया। अप्पा नाराज, मुरुगन नाराज। मुरुगन को शक था कि उसका भाई गलत चक्करों में पड़ गया है। अम्मा से छिपकर सुरेश अक्सर उनकी साड़ी पहनता, गहने पहनता। अम्मा ने एक बार देख लिया। उन्हें लगा कि उनके बेटे पर किसी ने जादू-टोना कर दिया है। वे सुरेश को बिना बताये मेलमलयनूर अम्मा अंगल मन्दिर ले गयीं। यहाँ दूर-दूर से लोग भूत-प्रेत और टोटका उतारने आते हैं। पूजा-अर्चना तक सुरेश ने कुछ कहा नहीं। पर लौटते समय बस में सुरेश ने अम्मा को सब बातें सच-सच बता दीं। यह भी कि वह ट्रांसजेंडर है। वह औरत बनकर खुश रहेगा। उसे अपने जैसे लोग मिल गये हैं और वह उनके साथ रहना चाहता है। अम्मा रोने लगीं और चैन्नई आने तक रोती रहीं। सुरेश चाहता था कि वह अप्पा से कुछ ना कहे। पर अम्मा ने अप्पा और मुरुगन को सब बातें बता दीं। सुरेश की बेतहाशा पिटाई हुई। अप्पा यह मानने को तैयार ही नहीं थे कि उनके परिवार में ऐसा हो सकता है। चार दिन सुरेश को भूखा रखा गया। एक दिन वह भागकर मणिकंदन के घर गया। मणि नहीं चाहता था कि घरवालों को उसकी असलीयत का पता चले। सुरेश उस समय घबरा गया, जब मणि ने उससे कहा कि उसे मुम्बई जाना चाहिए। सुरेश चैन्नई छोड़कर कभी बाहर नहीं गया था, वो भी अकेले। लेकिन यहाँ से निकलना जरूरी था। चैन्नई में रहेगा, तो अप्पा उसे ढूँढ़ ही लेंगे। मणि ने रातोरात अपने दूसरे ट्रांसजेंडर और हिजड़ा मित्रों से सम्पर्क किया। गोपीनाथन अपने दफ़्तर के काम से मुम्बई जा रहा था। मेरे को उसके साथ भेज दिया। मैं मुम्बई पहुँची तो स्टेशन पर बहुत-सी गुरु लोग थी। मैं अम्मल को देखकर उनका आँचल पकड़कर खड़ी हो गयी। उनका चेहरा ऐसी, जैसी मेरी अम्मा खड़ी है। ज्योति को अम्मल मिल गयी और अम्मल को ज्योति के रूप में एक दुलारी बेटी। सुरेश को नहीं पता था कि किस तरह गुरु बनाते हैं या हिजड़ों में गुरु-चेले की क्या भूमिका होती है। अम्मल ने उसे पूरी रात बिठाकर समझाया।

ज्योति बताती है कि अम्मल के पास पहुँचने के बाद ही उसके गले से खाना उतरा। 'मैं सच में लकी है। अम्मल जैसी गुरु माँ सब गुरु नहीं होतीं। मेरे को बाद में पता चला... मेरे जैसे यंग हिजड़ा के लिए तो बोली लगती है। मैंने पहले ही दिन अम्मल को बता दी, मैं किस फैमिली से आयी, लाइफ में क्या करना चाहती। अम्मल ने मेरे को बहुत सँभाल कर रखी है। दो साल हो गये अम्मल के साथ। वो मेरे को बधाई और हफ्ते के काम में लगायी। कभी नहीं बोलती, ये कर, वो मत कर। बाकि सब चेली उनसे लड़ती—ज्योति को धन्धे पर क्यों नहीं लगाती? ये तो खूब कमाई करेगी। अम्मल ने पूछा मेरे को... तेरे नथ के वास्ते बहुत बड़ी लोग आतीं, बहुत पैसे मिलती। तू सेक्स वर्कर बनेगी? मैं बोली नहीं। अम्मल बोली—ठीक है। तेरे से धन्धा नको करवाऊँगी। तू मेरी बेटी है। वईच रहेगी।' बोलते-बोलते ज्योति रुक गयी। 'ऑपरेशन? वो कब करवाई?' ज्योति ने मेरा चेहरा देखा, 'तेरे को मालूम है ना ऑपरेशन का? हम लोगा बार्न हिजड़ा नहीं है। ऑपरेशन करके औरत बनती। बहुत पैनफुल। पर करनी पड़ी। ऐसी आधी-अधूरी कब तक रहेगी? मैं अम्मल के पास रहने आयी, तो अम्मल बोली, तेरी ऑपरेशन होनी है। मैं बोली, जो आप लोगोन को सही लगती है, वो मैं करेगी। मेरे को हार्मोन का इंजेक्शन लगी। सिर का बाल देख, कितनी अच्छी हो गयी। फिर दो महीने बाद ऑपरेशन। डोंबिवली में डॉक्टर है कमल भाई। वईच बहुत साल से ऑपरेशन करती है। दो दिन क्लीनिक में। एक महीना बाद ठीक से चल पायी। पर उसके बाद सब अच्छी हो गयी। ब्रेस्ट भी आ गयी। आवाज भी थोड़ी ठीक हो गयी। फेस पे बाल भी अब कम ग्रोथ होती है। देख, मैं अच्छी दिखती है ना?' मैंने मुस्कराकर हाँ में सिर हिलाया, 'बहुत सुन्दर, ये जो चैक वाली साड़ी तूने पहनी है, वो एवन है।'

इससे पहले कि मैं ज्योति से आगे बात करती, कमरे में तेजी से कुछ रौबदार हिजड़ों ने प्रवेश किया। उनमें से एक चेहरा इतने सालों बाद भी मेरे रोंगटे खड़े कर रहा है। काले रंग की शलवार, काले ही रंग का पठानी कुर्ता, कन्धे तक के बालों की पोनी टेल, आँखों में तीखा काजल, गले में सोने की कुछ पाँच-छह चेन, उसे देख कर मन में पहला ख़याल आया—डाकू। उन लोगों को देखते ही अम्मल उठ खड़ी हुई और एकदम से सबको दूर हटने का इशारा किया। ज्योति मुझे खींचकर कमरे के कोने में ले आयी, परदे के पीछे। मेरे कान में फुसफुसाकर बोली, 'मैं तेरे को बोल रही थी ना...दूसरी कुनबे की, मल्लिका गुरु। उसके आगे देख रही है ना काली शलवार में, रेशमा बाई। बहुत कमीनी। धन्धेबाज। गलीज।' कहते-कहते ज्योति का रंग गुस्से से लाल पड़ने लगा। अम्मल के पास मल्लिका आकर बैठ गयी।

उनकी बगल में रेशमा। पैर पर पैर चढ़ाकर। एक-एक कर हिजड़ा आती, दोनों गुरु और रेशमा के पाँव छूती और आगे बढ़ जाती। ज्योति परदे के पीछे छिपती जा रही थी। मैंने टहोका, 'ज्योति, तुम लोग बिजी हो। मैं चलती हूँ। मुझे तुमसे आज का वीसीडी और फोटो चाहिए। तुम लोगों की शूटिंग की तारीख भी तय करनी है। और भी बहुत सारी ...' 'श...शश। तू बुधवार को शाम को भांडुप आ जाना। घर पे। वहीं सब दे देगी।' अचानक ज्योति की पुकार उठने लगी। अम्मल जोर-जोर से ज्योति का नाम लेकर बुला रही थी। ज्योति मुझसे जल्दी से बोली, 'तू अभी रुक जा। मैं अभी सब लोगोन के पैर पड़कर आती।' ज्योति की आवाज से लग रहा था कि कुछ गड़बड़ है। मैं जहाँ खड़ी थी, रेशमा सामने नज़र आ रही थी। कभी वो किसी हिजड़े का हाथ पकड़ती, किसी को गाल पर चुम्मा जड़ देती। ज्योति अम्मल के पास पहुँचकर पहले उनके पाँव छूने लगी। अम्मल ने उसे ढकेलकर मल्लिका के पास भेजा। मल्लिका के पाँव पर वह देर तक झुकी रही। वह उसे कुछ कह रही थी, जो मुझे सुनायी नहीं आ रहा था। इसके बाद वह रेशमा के पाँव छूने बढ़ी। अचानक रेशमा उठी और उसने ज्योति को अपनी गोद में बिठा लिया। आसपास खड़े हिजड़े ताली बजाते हुए हँसने लगे। मैं देख रही थी ज्योति को...वह कसमसाकर अपने आपको छुड़ाने की कोशिश कर रही थी। मैं दूर थी उससे, पर पता था कि उसकी आँखों में आँसू होंगे। वह वहाँ से भागना चाहती है। रेशमा की पकड़ मजबूत थी, वह हँस रही थी और ज्योति को चिकोटी काटते हुए कुछ कह रही थी। मैं दसेक मिनट वहाँ खड़ी रही। रेशमा, मल्लिका और अम्मल अब इतने हिजड़ों से घिर गयी थीं, कि मुझे ज्योति दिखाई नहीं पड़ी। शोर बढ़ता जा रहा था। मैं हाथ बाँधे खड़ी थी, इस आस में कि ज्योति आयेगी। धीरे-से मैं दरवाजे की तरफ़ बढ़ी। समझ नहीं आया कि वहाँ रह कर ज्योति की क्या मदद कर पाऊँगी? यह उसका इलाका है, उसके अपने लोग हैं। वह इन्हीं के साथ रहने, इनकी तरह जीने के लिए अपना घर, अपना परिवार छोड़ कर आयी है। मैं बाहर आ गयी। हलकी-हलकी बूँदा-बाँदी हो रही थी। साइन स्टेशन के लिए ऑटो लेते समय, मन भारी सा हो रहा था। क्या रेशमा की पकड़ से आजाद हो पायी होगी ज्योति? मन से दुआ निकली कि हे भगवान, ज्योति का कुछ बुरा मत करना। बहुत निर्मल है। उससे वो सब काम मत करवाना, जो वह नहीं चाहती।

ज्योति ने मुझे बुधवार को आने को कहा था। पर मुझे ऑफिस में पता चल गया था कि हिजड़ों पर बनने वाली डॉक्यूमेंट्री का काम रुक गया है। मेरी समझ नहीं आया

कि इसके बाद भी मुझे ज्योति से मिलने जाना चाहिए कि नहीं। पर मैंने तय किया कि मैं मिलूँगी, एक आख़िरी बार।

उसकी गली में आज कम आवाजाही थी। बाहर ही मुझे बाबू मिल गया। वह मुझे पहचान गया। मैंने ऑटो वाले को पैसे देते हुए कहा, 'जल्दी से ज्योति को बुला दे। उससे काम है। उसने बुलाया है।' वह मकान के अन्दर चला गया। पाँच मिनट बाद निकला, 'ऊपर जाओ।' मैं सीढ़ियाँ चढ़कर ऊपर वाले कमरे में गयी। कुछ ही दिनों पहले तो आयी थी। पर कमरे का साजोसमान कुछ बदला सा लगा। कमरे में बड़े-बड़े बक्से पड़े थे। खुले हुए बैग, बिखरे कपड़े, साड़ियाँ। जमीन पर कुछ हिजड़े चादर बिछाकर सो रहे थे। मैं दरवाजे के पास खड़ी थी, बाहर किसी को निकलते देखकर पूछा, 'अन्दर ज्योति है?' उसने नहीं में सिर हिलाया। मैं दरवाजा खटखटाकर अन्दर झाँकने लगी। जमीन पर बैठा एक पहचाना चेहरा नज़र आया। कल्याणी। मुझे देखकर वह उठने लगी। 'मुझे ज्योति ने बोला था। वो कैसेट देने वाली थी। और शूटिंग...' कल्याणी ने मुझे अन्दर आने का इशारा किया। कमरे में जगह कम थी। मुझे देख एकाध हिजड़ों ने अपने पैर समेटने की कोशिश की। कुछ तो पलटकर वापस सो गये। लग रहा था दोपहर सबने यहीं बैठकर खाना खाया हो। एक तरफ़ पत्तलों का ढेर था, दूसरी तरफ़ मिठाइयों के डिब्बे। एक नज़र में अफरातफरी वाला माहौल लगा। जैसे वहाँ कई लोग रहने आये हों। कल्याणी जमीन पर ही बैठी थी। मैं भी संकोच के साथ नीचे बैठ गयी। कल्याणी ने आवाज देकर एक युवा से दिखने वाले लड़के को बुलाया, 'नीचे अम्मल से बोल, उनके सूटकेस में एक नीला बैग है, वो देने के लिए। बोलना कल्याणी अक्का ने मँगवाया।' कल्याणी से मैंने पूछा, 'ज्योति कहाँ है, नज़र नहीं आ रही।' कल्याणी थकी सी आवाज में बोली, 'किधर तो गयी होगी।' मैं चुप हो गयी। वो भी कुछ नहीं बोली। वैसे भी कल्याणी कम बोलती थी। दस मिनट बाद नीला बैग आया। कल्याणी ने बैग खोलकर देखा। एक वीसीडी, एक छोटा वाला फोटो का अल्बम और एक भूरा पैकेट। उसने मेरे हाथ में पकड़ा दिया। मैं कैसे बताती उसे कि डॉक्यूमेंट्री फिल्म रद्द हो गयी है और अब कैसेट की मुझे दरकार नहीं। इस वक्त बताने का माहौल भी नहीं लगा। मैं चुपचाप वहाँ कुछ देर बैठी रही। कल्याणी ने पूछा, 'चाय पियेगी?' मैंने नहीं में सिर हिलाया। कल्याणी ने भी इसरार नहीं किया। बल्कि हाथ के इशारे से जाने को कहा। मुझे अजीब लग रहा था। सप्ताह भर पहले कितना अपनापन-सा लगा था। अब, दहशत सी क्यों होने लगी है। सब चेहरे इतने अजनबी और डरे हुए

क्यों लग रहे हैं? उनकी भाषा, बोली, रहन-सहन, और सबसे बड़ी बात वो गन्ध... तीखी चुभती हुई गन्ध। जाहिर था, मुझे वहाँ से कुछ और नहीं मिलना था। नीला पैकेट उठाये मैं बाहर आयी। बाहर बाबू मिल गया, 'काम हो गया? जल्दी?' मैंने जल्दी से पूछा, 'ज्योति कहाँ है? उससे बात करनी है।' वो धीरे-से मेरे पास आ गया, 'ज्योति इधर नहीं रहती।' 'कहाँ गयी?' 'मालूम नई।' 'कब से?' 'बरोबर नयी पता।... ' 'अम्मल है? उनसे मिल सकती हूँ?' 'पता करके बताता हूँ। तुम इधरीच वेट करना।' बाबू दौड़ता हुआ अन्दर गया। बाहर निकलकर बोला, 'अम्मल बुलाती है तुमको।' मैं पलटकर अन्दर गयी। नीचे वाले कमरे में अम्मल बैठी थी, नानी के पास। मुझे देखकर नानी के चेहरे पर शिकन नहीं आयी। अम्मल बोली, 'पाँव में बहुत दर्द है मेरे को। जान जा रही है। देख, देख कितना सूज गया है पाँव।' साड़ी उठाकर उन्होंने घुटनों के नीचे अपने पाँव दिखाये। पाँव बुरी तरह सूज रहे थे। उंगलियाँ फूलकर कुप्पा हो रही थीं। नीचे बैठकर एक हिजड़ा उनके पाँवों में तेल लगा रही थी। 'तेरा काम हो गया?' मैंने हाँ में सिर हिलाते हुए पूछ ही लिया,'ज्योति कहाँ गयी? उससे बात करनी थी।' अम्मल चुप हो गयी। नानी थोड़ा खीझकर बोली, 'मर गयी। ' अम्मल ने मुझे अपने पास बुलाया और कान में धीरे-से बोली, 'ज्योति का इधर किसी से बात नहीं करने का। तेरे को साड़ी मिली कि नहीं?' मैंने चौंककर उनकी तरफ़ देखा, 'चेली मेरे को बोली कि तेरे वास्ते साड़ी लेकर आयी है। नहीं छोड़ी तो कोई वांदा नहीं। मैं लेकर रखेगी। तू जा अभी।' मैं वहाँ से उठ कर स्टेशन कैसे आयी, मुझे याद नहीं। ट्रेन में बैठने के बाद भूरा पैकेट खोलकर देखा, उसमें नीले रंग की सूती चैक की साड़ी थी। नई-नकोर। मैं शायद रोयी थी? पता नहीं। पर कई दिनों तक आसपास सन्नाटा सा पाया। ज्योति को रेशमा ले गयी या वो वापस चैन्नई गयी, मुझे नहीं पता। इतना तो ज़रूर था कि ऐसा कुछ हुआ था, जो ज्योति को रास नहीं आ रहा था। उसके सपने, उसकी उम्मीदें... समय से पहले धूल-धूल हो गये। मुम्बई छोड़ने से पहले, जितनी बार भांडुप स्टेशन से गुज़री, मन किया एक बार अम्मल के घर हो आऊँ, ज्योति के बारे में पता करूँ। हिम्मत नहीं हुई। ज्योति वहाँ होती भी तो मुझे नया क्या बता देती? नहीं होती तो क्या कर लेती? ...शायद मैं इसका सामना करना ही नहीं चाहती थी।

राजेन्द्र यादव

राजेन्द्र यादव (28 अक्टूबर 2013) हिन्दी के लोकप्रिय कथाकार हैं। उनकी प्रथम रचना *प्रतिहिंसा* ('चांद' के भूतपूर्व सम्पादक श्री रामरखसिंह सहगल के मासिक 'कर्मयोगी' में) 1947 में प्रकाशित हुई।

प्रकाशित रचनाएँ : *सारा आकाश, उखड़े हुए लोग, शह और मात, एक इंच मुस्कान* (मन्नू भण्डारी के साथ), *कुलटा, अनदेखे अनजाने पुल, मंत्रविद्ध* (उपन्यास); *देवताओं की मूर्तियाँ, खेल-खिलौने, जहाँ लक्ष्मी कैद है, छोटे-छोटे ताजमहल, किनारे से किनारे तक, टूटना, ढोल और अपने पार, वहाँ तक पहुँचने की दौड़, श्रेष्ठ कहानियाँ, प्रिय कहानियाँ, प्रतिनिधि कहानियाँ, प्रेम कहानियाँ, दस प्रतिनिधि कहानियाँ और चौखटे तोड़ते त्रिकोण।* (अब तक की तमाम कहानियाँ पड़ाव-1, पड़ाव-2 और 'यहाँ तक' शीर्षक तीन जिल्दों में संकलित) (कहानी संग्रह); *आवाज तेरी है* (कविता संग्रह); *कहानी : स्वरूप और संवेदना,* उपन्यास: *स्वरूप और संवेदना,* कहानी: *अनुभव और अभिव्यक्ति, औरों के बहाने, अठारह उपन्यास, कांटे की बात शृंखला* (निबन्ध संग्रह)।

सम्पादन : नये साहित्यकार पुस्तकमाला में मोहन राकेश, कमलेश्वर, राजेन्द्र यादव, फणीश्वरनाथ रेणु तथा मन्नू भण्डारी की चुनी हुई कहानियाँ। एक दुनिया : समानान्तर, कथा-यात्रा, कथा-दशक, आत्मतर्पण और काली सुखियाँ (अफ्रीकी कहानियाँ)।

अनुवाद : हमारे युग का एक नायक : लर्मेल्तोव, प्रथम प्रेम, वसंत प्लावन : तुर्गनेव, टक्कर : ऐन्तोन चेखव, संत सर्गीयस : टॉलस्टॉय, एक महुआ : एक मोती : स्टाइन बैक, अजनबी : अलबेयर कामू (छहों उपन्यास कथा-शिखर-1, 2 शीर्षक दो जिल्दों में संकलित)।

जहाँ लक्ष्मी कैद है

—राजेन्द्र यादव

ज़रा ठहरिये, यह कहानी विष्णु की पत्नी लक्ष्मी के बारे में नहीं, लक्ष्मी नाम की एक ऐसी लड़की के बारे में है जो अपनी कैद से छूटना चाहती है। इन दो नामों में ऐसा भ्रम होना स्वाभाविक है जैसाकि कुछ क्षण के लिए गोविन्द को हो गया था।

एकदम घबराकर जब गोविन्द की आँखें खुलीं तो वह पसीने से तर था और उसका दिल इतने जोर से धड़क रहा था कि उसे लगा, कहीं अचानक उसका धड़कना बन्द न हो जाये। अँधेरे में उसने पाँच-छह बार पलकें झपकायीं, पहली बार तो उसकी समझ में ही न आया कि वह कहाँ है, कैसा है—एकदम दिशा और स्थान का ज्ञान उसे भूल गया। पास के हॉल की घड़ी ने एक का घण्टा बजाया तो उसकी समझ में ही न आया कि वह घड़ी कहाँ है,वह स्वयं कहाँ है और घण्टा कहाँ बज रहा है। फिर धीरे-धीरे उसे ध्यान आया, उसने ज़ार से अपने गले का पसीना पोंछा और उसे लगा, उसके दिमाग़ में फिर वही खट्‌खट्‌ गूँज उठी है, जो अभी गूँज रही थी...।

पता नहीं, सपने में या सचमुच ही, अचानक गोविन्द को ऐसा लगा था, जैसे किसी ने किवाड़ पर तीन-चार बार खट्-खट् की हो और बड़े गिड़गिड़ाकर कहा हो—'मुझे निकालो, मुझे निकालो!' और वह आवाज़ कुछ ऐसे रहस्यमय ढंग से आकर उसकी चेतना को कोंचने लगी कि वह बौखलाकर जाग उठा—सचमुच ही यह किसी की आवाज़ थी या महज़ उसका भ्रम?

फिर उसे धीरे-धीरे याद आया कि यह भ्रम ही था और वह लक्ष्मी के बारे में सोचता हुआ ऐसा अभिभूत सोया था कि वह स्वप्न में भी छायी रही। लेकिन वास्तव में यह आवाज़ कैसी विचित्र थी, कैसी साफ़ थी!—उसने कई बार सुना था

कि अमुक स्त्री या पुरुष के स्वप्न में आकर कोई कहता—'मुझे निकालो, मुझे निकालो!' फिर वह धीरे-धीरे स्थान की बात भी बताने लगता और वहाँ खुदवाने पर कड़ाहे या हांडी में भरे सोने-चाँदी के सिक्के या माया उसे मिलती और वह देखते-देखते मालामाल हो जाता। कभी-कभी ऐसा भी हुआ कि किसी अनधिकारी आदमी ने उस द्रव्य को निकलवाना चाहा तो उसमें कौड़ियाँ और कोयले निकले या फिर उसके कोढ़ फूट आया या घर में कोई मृत्यु हो गयी। कहीं इसी तरह, धरती के नीचे से उसे कोई लक्ष्मी तो नहीं पुकार रही है? और वह बड़ी देर तक सोचता रहा, उसके दिमाग़ में फिर लक्ष्मी का क़िस्सा साकार होने लगा। वह मोहाछन्न-सा पड़ा रहा...

दूर कहीं दूसरे घड़ियाल ने फिर वही एक घण्टा बजाया।

गोविन्द से अब नहीं रहा गया। रज़ाई को चारों तरफ़ से बन्द रखे हुए ही बड़े सँभालकर उसने कुहनी तक हाथ निकाला, लेटे-ही-लेटे अलमारी के खाने से किताब-कॉपियाँ की बग़ल से उसने अधजली मोमबत्ती निकाली, वहीं कहीं से खोजकर दियासलाई निकाली और आधा उठकर, ताकि जाड़े में दूसरा हाथ पूरा न निकालना पड़े, उसने दो-तीन बार घिसकर दियासलाई जलायी, मोमबत्ती रौशन की और पिघले मोम की बूँद टपकाकर उसे दवात के ढक्कन के ऊपर जमा दिया। धीरे-धीरे हिलती रोशनी में उसने देख लिया कि किवाड़ पूरे बन्द हैं, और दरवाज़े के सामने वाली दीवार में बने, जाली लगे रौशनदान के ऊपर, दूसरी मंज़िल से हल्की-हल्की जो रोशनी आती है, वह भी बुझ चुकी है। सब कुछ कितना शान्त हो चुका है। बिजली का स्विच यद्यपि उसके तख्त के ऊपर ही लगा था, लेकिन एक तो जाड़े में रज़ाई समेत या रज़ाई छोड़कर खड़े होने का आलस्य, दूसरे लाला रूपाराम का डर, सुबह ही कहेगा—'गोविन्द बाबू, बड़ी देर तक पढ़ाई हो रही है आजकल।' जिसका सीधा अर्थ होगा कि बड़ी बिजली खर्च करते हो।

फिर उसने चुपके से, जैसे कोई उसे देख रहा हो, तकिये के नीचे से रज़ाई के भीतर-ही-भीतर हाथ बढ़ाकर वह पत्रिका निकाल ली और गर्दन के पास से हाथ निकालकर उसके सैंतालीसवें पन्ने को बीसवीं बार खोलकर बड़ी देर घूरता रहा। एक बजे की पठानकोट-एक्सप्रेस जब दहाड़ती हुई गुज़र गयी तो सहसा उसे होश आया। 47 और 48—जो पन्ने उसके सामने खुले थे उनमें जगह-जगह नीली स्याही से कुछ पंक्तियों के नीचे लाइनें खींची गयी थीं—यही नहीं, उस पन्ने का कोना मोड़कर उन्हीं लाइनों की तरफ़ विशेष रूप से ध्यान खींचा गया था। अब तक गोविन्द उन या उनके आस-पास की लाइनों को बीस बार से अधिक घूर चुका था। उसने शंकित निगाहों से इधर-उधर देखा और फिर एक बार उन पंक्तियों को पढ़ा।

जितनी बार वह उन्हें पढ़ता, उसका दिल एक अनजान आनन्द के बोझ से धड़ककर डूबने लगता और दिमाग़ उसी तरह भन्ना उठता जैसा उस समय भन्नाया था, जब यह पत्रिका उसे मिली थी। यद्यपि इस बीच उसकी मानसिक दशा कई विकट स्थितियों से गुज़र चुकी थी; फिर भी वह बड़ी देर तक काली स्याही से छपे कहानी के अक्षरों को स्थिर निगाहों से घूरता रहा—धीरे-धीरे उसे ऐसा लगा, यह अक्षरों की पंक्ति एक ऐसी खिड़की की जाली है, जिसके पीछे बिखरे बालों वाली एक निरीह लड़की का चेहरा झाँक रहा है। और फिर उसके दिमाग़ में बचपन की सुनी कहानी साकार होने लगी—शिकार खेलने में साथियों का साथ छूट जाने पर भटकता हुआ एक राजकुमार अपने थके-माँदे घोड़े पर बिल्कुल वीराने में, समुद्र के किनारे बने एक विशाल सुनसान क़िले के नीचे जा पहुँचा। वहाँ ऊपर खिड़की में उसे एक अत्यन्त सुन्दर राजकुमारी बैठी दिखाई दी, जिसे एक राक्षस ने लाकर वहाँ कैद कर दिया था...छोटे-से-छोटे विवरण के साथ खिड़की में बैठी राजकुमारी की तस्वीर गोविन्द की आँखों के आगे स्पष्ट और मूर्त होती गयी। और उसे लगा, जैसे वही राजकुमारी उन रेखांकित, छपी लाइनों के पीछे से झाँक रही है। उसके गालों पर आँसुओं की लकीरें सूख गयी हैं, उसके होंठ पपड़ा गये हैं...चेहरा मुरझा गया है और रेशमी बाल मकड़ी के जाले-जैसे लगते हैं—जैसे उसके पूरे शरीर से एक आवाज़ निकलती है—'मुझे छुड़ाओ, मुझे छुड़ाओ!'

गोविन्द के मन में उस अनजान राजकुमारी को छुड़ाने के लिए जैसे रह-रहकर कोई कुरेदने लगा। एक-आध बार तो उसकी बड़ी प्रबल इच्छा हुई कि अपने भीतर रह-रहकर कुछ करने की उत्तेजना को वह अपने तख्त और कोठरी की दीवार के बीच में बची दो फीट चौड़ी गली में घूम-घूमकर दूर कर दे।

तो क्या सचमुच लक्ष्मी ने यह सब उसी के लिए लिखा है? लेकिन उसने तो लक्ष्मी को देखा तक नहीं! अगर अपनी कल्पना में किसी जवान लड़की का चेहरा लाये भी तो वह आख़िर कैसी हो?...कुछ और भी बातें थीं कि वह लक्ष्मी के रूप में एक सुन्दर लड़की के चेहरे की कल्पना करते डरता था—उसकी ठीक शक्ल-सूरत और उम्र भी नहीं मालूम उसे...

गोविन्द यह अच्छी तरह जानता था कि यह सब उसी के लिए लिखा गया है; ये लाइनें खींचकर उसी का ध्यान आकृष्ट किया गया है। फिर भी वह इस अप्रत्याशित बात पर विश्वास नहीं कर पाता था। वह अपने को इस लायक भी नहीं समझता था कि कोई लड़की इस तरह उसे संकेत करेगी। यों शहरों के बारे में उसने

बहुत काफ़ी सुन रखा था, लेकिन यह सोचा भी नहीं था कि गाँव से इंटर पास करके शहर आने के एक हफ्ते में ही उसके सामने एक 'सौभाग्यपूर्ण' बात आ जायेगी...

वह जब-जब इन पंक्तियों को पढ़ता तब-तब उसका सिर इस तरह चकराने लगता, जैसे किसी दस मंज़िले मकान से नीचे झाँक रहा हो। जब उसने पहले-पहल ये पंक्तियाँ देखी थीं तो इस तरह उछल पड़ा था, जैसे हाथ में अंगारा आ गया हो।

बात यह हुई कि वह चक्की वाले हॉल में ईंटों के तख्त-जैसे बने चबूतरे पर बड़ी पुरानी काठ की संदूकची के ऊपर लम्बा-पतला रजिस्टर खोले दिन-भर का हिसाब मिला रहा था, तभी लाला रूपाराम का सबसे छोटा, नौ-दस साल का लड़का रामस्वरूप उसके पास आ खड़ा हुआ। यह लड़का एक फटे-पुराने-से चैस्टर की, जो साफ़ ही किसी बड़े भाई के चैस्टर को कटवाकर बनवाया गया होगा, जेबों में दोनों हाथों को ठूँसे पास खड़ा होकर उसे देखने लगा।

गोविन्द जब पहले ही दिन आया था और हिसाब कर रहा था, तभी यह लड़का भी आ खड़ा हुआ था। उस दिन लाला रूपाराम भी थे, इसलिए सिर्फ यह दिखाने को कि वह उनके सुपुत्र में भी काफ़ी रुचि रखता है, उसने नियमानुसार नाम, उम्र और स्कूल-क्लास इत्यादि पूछे थे; नाम रामस्वरूप, उम्र नौ साल, चुंगी-प्राइमरी स्कूल में चौथे क्लास में पढ़ता था। फिर तो सुबह-शाम गोविन्द उसे चैस्टर की छाया से ही जानने लगा, शक्ल देखने की ज़रूरत ही नहीं होती थी। चैस्टर के नीचे नेकर पहने होने के कारण उसकी पतली टाँगें खुली रहतीं और वह पाँवों में बड़े-पुराने किरमिच के जूते पहने रहता, जिनकी फटी-निकली जीभों को देखकर उसे हमेशा दुम-कटे कुत्ते की पूँछ का ध्यान हो आता था।

थोड़ी देर उसका लिखना ताकते रहकर लड़के ने चैस्टर के बटनों के कसाब और छाती के बीच में रखी पत्रिका निकालकर उसके सामने रख दी और बोला, 'मुंशी जी, लक्ष्मी जीजी ने कहा है, हमें कुछ और पढ़ने को दीजिए।'

'अच्छा, कल देंगे...' मन-ही-मन भन्नाकर उसने कहा।

यहाँ आकर उसे जो 'मुंशी जी' का नया खिताब मिला है, उसे सुनकर उसकी आत्मा खाक़ हो जाती। 'मुंशी जी' नाम के साथ जो एक कान पर क़लम लगाये, गोल-मैली टोपी, पुराना कोट पहने, मुड़े-तुड़े आदमी की तस्वीर सामने आती है—उसे बीस-बाईस साल का युवक गोविन्द सँभाल नहीं पाता।

लाला रूपाराम उसी के गाँव के हैं—शायद उसके पिता के साथ दो-तीन जमात पढ़े भी थे। शहर आते ही आत्मनिर्भर होकर पढ़ाई चला सकने के लिए किसी ट्यूशन इत्यादि या छोटे पार्ट-टाइम काम के लिए लाला रूपाराम से भी वह मिला

तो उन्होंने अत्यन्त उत्साह से उसके मृत बाप को याद करके कहा—'भैया, तुम तो अपने ही बच्चे हो, ज़रा हमारी चक्की का हिसाब-किताब घण्टे-आध घण्टे देख लिया करो और मज़े में चक्की के पास जो कोठरी है, उसमें पड़े रहो, अपने पढ़ो। आटे की यहाँ तो कमी है ही नहीं।' और अत्यन्त कृतज्ञता से गद्गद वह उनकी कोठरी में आ गया, पहली रात हिसाब लिखने का ढंग समझाते हुए लाला रूपाराम, मोतियाबिन्द वाले चश्मे के मोटे-मोटे काँचों के पीछे से मोरपंखी के चंदोवे-सी दीखती आँखों और मोटे होंठों से मुस्कराते, उसका सम्मान बढ़ाने को 'मुंशी जी' कह बैठे तो वह चौंक पड़ा। लेकिन उसने निश्चय कर लिया कि यहाँ जम जाने के बाद वह विनम्रता से इस शब्द का विरोध करेगा। रामस्वरूप से 'मुंशी जी' नाम सुनकर उसकी भौंहें तन गयीं, इसीलिए उसने उपेक्षा से वह उत्तर दिया था।

'कल ज़रूर दीजिएगा।' रामस्वरूप ने फिर अनुरोध किया।

'हाँ भाई, ज़रूर देंगे।' उसने दाँत पीसकर कहा; लेकिन चुप ही रहा। वह अक्सर लक्ष्मी का नाम सुनता था। हालाँकि उसकी कोठरी बिल्कुल सड़क की तरफ़ अलग ही पड़ती थी; लेकिन उसमें पीछे की तरफ़ जो एक जालीदार छोटा-सा रौशनदान था, वह घर के भीतर नीचे की मंज़िल के चौक में खुलता था। लाला रूपाराम का परिवार ऊपर की मंज़िल पर रहता था और नीचे सामने की तरफ़ पनचक्की थी, पीछे कई तरह की चीज़ों का स्टोर-रूम था। इस 'लक्ष्मी' नाम के प्रति उसे उत्सुकता और रुचि इसलिए भी बहुत थी कि चाहे कोठरी में हो या बाहर, पनचक्की के हॉल में, हर पाँचवें मिनट पर उसका नाम विभिन्न रूपों में सुनायी देता था—'लक्ष्मी बीबी ने यह कहा है', 'रुपये लक्ष्मी बीबी के पास हैं', 'चाबी लक्ष्मी बीबी को दे देना।' और उसके जवाब में जो एक पतली तीखी-सी अधिकारपूर्ण आवाज़ सुनायी देती थी, उसे गोविन्द पहचानने लगा था। अनुमान से उसने समझ लिया कि यही लक्ष्मी की आवाज़ है। लेकिन स्वयं वह कैसी है? उसकी एक झलक-भर देख पाने को उसका दिल कभी-कभी बुरी तरह तड़प-सा उठता। लेकिन पहले कुछ दिनों उसे अपना प्रभाव जमाना था, इसलिए वह आँख उठाकर भी भीतर देखने की कोशिश न करता। मन-ही-मन उसने समझ लिया कि यही लक्ष्मी है, काफ़ी महत्त्वपूर्ण है...दिक़्क़त यह थी कि भीतर कुछ दिखाई भी तो नहीं देता था। सड़क के किनारे तीन-चार दरवाज़े वाले इस चक्की के हॉल के बाद एक आठ-दस फ़ीट लम्बी गली थी और चौक के ऊपर लोहे का जाल पड़ा था, उस पर से ऊपर वाले लोग जब गुज़रते थे तो लोहे की झनझनाहट से पहले तो उसका ध्यान हर बार

उधर चला जाता था। बच्चे तो कभी-कभी और भी उछल-उछलकर उस पर कूदने लगते थे। यहाँ से जब तक किसी बहाने पूरी गली पार न की जाये, कुछ भी दीखना असम्भव था। चूँकि गुसलखाना और नल इत्यादि उसी चौक में थे, जिनकी वजह से नीचे प्राय: सीलन और गीलापन रहता था, इसलिए सुबह चौक में जाते हुए अत्यन्त सीधे लड़के की तरह निगाहें नीची किये हुए भी वह ऊपर की स्थिति को भाँपने का प्रयत्न करता था। ऊपर सिर उठाकर आँख-भर देख पाने की उसमें हिम्मत न थी। अपनी कोठरी का एक मात्र दरवाज़ा बन्द करके, तख्त पर चढ़कर मकड़ी के जाले और धूल से भरे जालीदार रौशनदान से झाँककर उसने वहाँ की स्थिति को भी जानने की कोशिश की थी; लेकिन यह कम्बख्त जाली कुछ इस ढंग से बनी थी कि उसके 'फोकस' में पूरा सामने वाला छज्जा और एकाध फ़ीट लोहे का जाल भर आया था। वहाँ कई बार उसे लगा, जैसे दो छोटे-छोटे तलुए गुज़रे...बहुत कोशिश करने पर टखने दीखे—हाँ, हैं तो किसी लड़की के पैर, क्योंकि साथ में धोती का किनारा भी झलका था...उसने एक गहरी साँस ली और तख्त से उतरते हुए बड़े एक्टराना अन्दाज़ में छाती पर हाथ मारा और बुदबुदाया—'अरे लक्ष्मी जालिम, एक झलक तो दिखा देती...'

'मुंशी जी, तुम तो देख रहे हो, लिखते क्यों नहीं?' रामस्वरूप ने जब देखा कि गोविन्द धीरे-धीरे होल्डर का पिछला हिस्सा दाँतों में ठोंकता हुआ हिसाब की कॉपी में अपलक कुछ घूर रहा था तो पता नहीं कैसे यह बात उसकी समझ में आ गयी कि वह जो कुछ सोच रहा है, उसका सम्बन्ध सामने रखे हिसाब से नहीं है...

उसने चौंककर लड़के की तरफ़ देखा...और चोरी पकड़ी जाने पर झेंपकर मुस्कराया, तभी अचानक एक बात उसके दिमाग़ में कौंधी—यह लक्ष्मी रामस्वरूप की बहन ही तो है। ज़रूर उसका चेहरा इससे काफ़ी मिलता-जुलता होगा। इस बार उसने ध्यान से रामस्वरूप का चेहरा देखा कि वह सुन्दर है या नहीं। फिर अपनी बेवकूफी पर मुस्कराकर एक अँगड़ाई ली। चारों तरफ़ ढीले हुए कम्बल को फिर से चारों ओर कस लिया और अप्रत्याशित प्यार से बोला, 'अच्छा मुन्ना, कल सुबह दे देंगे।'...उसकी इच्छा हुई कि वह उससे लक्ष्मी के बारे में कुछ बात करे, लेकिन सामने ही चौकीदार और मिस्तरी सलीम काम कर रहे थे...

असल में आज वह थक भी गया था। अचानक व्यस्त होकर बोला और जल्दी-जल्दी हिसाब करने लगा। दुनिया-भर की सिफ़ारिशों के बाद उसका नाम कॉलेज के नोटिसबोर्ड पर आ गया कि वह ले लिए गये लड़कों में से है।

आते समय कुछ किताब और कॉपियाँ भी ख़रीद लाया था, सो आज वह चाहता था कि जल्दी-से-जल्दी अपनी कोठरी में लेटे और कुछ आगे-पीछे की बातें... दुनिया-भर की बातें सोचता हुआ सो जाये...सोचे, लक्ष्मी कौन है...कैसी है...वह उसके बारे में किससे पूछे?...कोई उसका हमउम्र और विश्वास का आदमी भी तो नहीं है। किसी से पूछे और रूपाराम को पता चल जाये, तो? लेकिन अभी तीसरा ही तो दिन है...मन-ही-मन अपने पास रखी पत्रिकाओं और कहानी की पुस्तकों की गिनती करते हुए वह सोचने लगा कि इस बार उसे कौन-सी देनी है...आगे जाकर जब काफ़ी दिन हो जायेंगे तो वह चुपचाप उसमें एक ऐसा छोटा-सा पत्र रख देगा जो किसी दोस्त के नाम लिखा गया होगा या उसकी भाषा ऐसी होगी कि पकड़ में न आ सके...भूल से चला गया, पकड़े जाने पर वह आसानी से कह सकेगा—उसे तो ध्यान भी नहीं था कि वह पर्चा इसमें रखा है। बीस जवाब हैं। अपनी चालाक बेवकूफी की कल्पना पर वह मुस्कराने लगा।

जिसके विषय में वह इतना सब सोचता है, वह उसी लक्ष्मी के पास से आयी हुई पत्रिका है—उसने इसे अपने कोमल हाथों से छुआ होगा, तकिये के नीचे, सिरहाने भी यह रही होगी...लेटकर पढ़ते हुए हो सकता है, सोचते-सोचते छाती पर भी रखकर सो गयी हो...और उसका तन-मन गुदगुदा उठा। क्या लक्ष्मी उसके विषय में बिल्कुल ही न सोचती होगी? हिसाब लिखने की व्यस्तता में भी उसने गर्दन मोड़कर एक हाथ से पत्रिका के पन्ने पलटने शुरू कर दिये और एक कोना-मुड़े पन्ने पर अचानक उसका हाथ ठिठक गया—यह किसने मोड़ा है? एक मिनट में हज़ारों बातें उसके दिमाग़ में चक्कर लगा गयीं। उसने पत्रिका उठाकर हिसाब की कॉपी पर रख ली। मुड़ा पन्ना पूरा खुला था। छपे पन्ने पर जगह-जगह नीली स्याही से निशान देखकर वह चौंक पड़ा। ये किसने लगाये हैं? उसे खूब अच्छी तरह ध्यान है, ये पहले नहीं थे...

'मैं तुम्हें प्राणों से अधिक प्यार करती हूँ...' उसने एक नीली लाइन के ऊपर पढ़ा...

'अयं! यह क्या चक्कर है...?' वह एकदम जैसे बौखला उठा। उसने फौरन ही सामने बैठे मिस्तरी सलीम और दिलावर सिंह को देखा, वे अपने में ही व्यस्त थे। उसकी निगाह अपने-आप दूसरी लाइन पर फिसल गयी।

'मुझे यहाँ से भगा ले चलो...'

'अरे...!'

तीसरी लाइन—'मैं फाँसी लगाकर मर जाऊँगी...।'

और गोविन्द इतना घबरा गया कि उसने फट से पत्रिका बन्द कर दी। शंका से इधर-उधर देखा, किसी ने ताड़ तो नहीं लिया? उसके माथे पर पसीना उभर आया और दिल चक्की के मोटर की तरह चलने लगा। पत्रिका के उन पन्नों के बीच में ही उँगली रखे हुए उसने उसे घुटने के नीचे छिपा लिया। कहीं दूर से रंग-बिरंगी कवर की तस्वीर को देखकर वह कम्बख्त चौकीदार ही न माँग बैठे। उन पंक्तियों को एक बार फिर देखने की दुर्निवार इच्छा उसके मन में हो रही थी; लेकिन जैसे हिम्मत न पड़ती थी। क्या सचमुच ये निशान लक्ष्मी ने ही लगाये हैं? कहीं किसी ने मज़ाक़ तो नहीं किया? लेकिन मज़ाक़ उससे कौन करेगा, क्यों करेगा? ऐसा उसका कोई परिचित भी तो नहीं है यहाँ कि तीन दिन में ही ऐसी हिम्मत कर डाले।

उसने फिर पत्रिका निकालकर पूरी उलट-पुलट डाली। नहीं, निशान वही हैं, बस। वह उन तीनों लाइनों को फिर एकसाथ पढ़ गया और उसे ऐसा लगा, जैसे उसके दिमाग़ में हवाई जहाज़ भन्ना उठा हो। गोविन्द का दिमाग़ चकरा रहा था, दिल धड़क रहा था, और जो हिसाब वह लिख रहा था, वह तो जैसे एकदम भूल गया। उसने क़लम के पिछले हिस्से से कान के ऊपर खुजलाया, खूब आँखें गड़ाकर जमा और ख़र्च के खानों को देखने की कोशिश की, लेकिन बस नस-नस में सन-सन करती कोई चीज़ दौड़े जा रही थी। उसे लगा, उसका दिल फट जायेगा और आतिशबाज़ी के अनार की तरह दिमाग़ फूट पड़ेगा...अब वह किससे पूछे? ये सब निशान किसने लगाये हैं? क्या सचमुच लक्ष्मी ने?

इस मधुर सत्य पर विश्वास नहीं होता। मैं चाहे उसे न देख पाया होऊँ, उसने तो ज़रूर ही मुझे देख लिया होगा। अरे, ये लड़कियाँ बड़ी तेज़ होती हैं। गोविन्द की इच्छा हुई, अगर उसे इसी क्षण शीशा मिल जाये तो वह लक्ष्मी की आँखों से एक बार अपने को देखे—कैसा लगता है?

लेकिन यह लक्ष्मी कौन है? विधवा, कुमारी, विवाहिता, परित्यक्ता, क्या? कितनी बड़ी है? कैसी है? उसकी नस-नस में एक प्रबल मरोड़-सी उठने लगी कि वह अभी उठे और दौड़कर भीतर के आँगन की सीढ़ियों से धड़ाधड़ चढ़ता हुआ ऊपर जा पहुँचे—लक्ष्मी जहाँ भी, जिस कमरे में बैठी हो, उसके दोनों कन्धे झकझोरकर पूछे, 'लक्ष्मी, लक्ष्मी, यह सब तुमने लिखा है? तुम नहीं जानती लक्ष्मी, मैं कितना अभागा हूँ। मैं क़तई इस सौभाग्य के लायक नहीं हूँ।' और सचमुच इस अप्रत्याशित सौभाग्य से गोविन्द का हृदय इस तरह पसीज उठा कि उसकी आँखों में आँसू आ गये। डोरी से लटकते हुए बल्ब को अपलक देखता हुआ वह अपने अतीत

और भविष्य की गहराइयों में उतरता चला गया; फिर उसने धीरे-से अपनी कोरों में भरे आँसुओं को उँगली पर लेकर इस तरह झटक दिया, जैसे देवता पर चन्दन चढ़ा रहा हो। उसका ढीला पड़ा हाथ अब भी पत्रिका के पन्ने को पकड़े था।

एक बार उसने फिर उन पंक्तियों को देखा—मान लो लक्ष्मी उसके साथ भाग जाये? कहाँ जायेंगे वे लोग? कैसे रहेंगे? उसकी पढ़ाई का क्या होगा? बाद में पकड़ लिए गये तो?

लेकिन आख़िर यह लक्ष्मी है कौन?

लक्ष्मी के बारे में प्रश्नों का एक झुंड उसके दिमाग़ पर टूट पड़ा, जैसे शिकारी कुत्तों का बाड़ा खोल दिया गया हो या एक के बाद एक सिर पर कोई हथौड़े की चोटें कर रहा हो, बड़ी निर्ममता और क्रूरता से। जैसे छत पर से अचानक गिर पड़ने वाले आदमी के सामने सारी दुनिया एक झटके के साथ, एक क्षण में चक्कर लगा जाती है, उसी तरह उसके सामने सैकड़ों-हज़ारों चीज़ें एकसाथ चमककर गायब हो गयीं।

ईंटों के ऊँचे चौकोर तख्तनुमा चबूतरे पर पुरानी छोटी-सी सन्दूक़ची के आगे बैठा गोविन्द हिसाब लिख रहा था और अभी हिसाब न मिलने के कारण जो कच्चे पुर्ज़े इधर-उधर बिखरे थे, वे सब यों ही बिखरे रहे। उसने खुले लेज़र-रजिस्टर पर दोनों कुहनियाँ टिका दीं और हथेलियों से आँखें बन्द कर लीं...कनपटी के पास की नसें चटख रही थीं। ऐसा तो कभी देखा-सुना नहीं...सिनेमा, उपन्यासों में भी नहीं देखा-पढ़ा। सचमुच इन निशानों का क्या मतलब है? क्या लक्ष्मी ने ही ये लाइनें खींची हैं? हो सकता है, किसी बच्चे ने ही खींच दी हों...इस सम्भावना से थोड़ा चौंककर गोविन्द ने फिर पन्ना खोला—नहीं, बच्चा क्या सिर्फ़ इन्हीं लाइनों के नीचे निशान लगाता? और लकीरें इतनी सधी और सीधी हैं कि किसी बच्चे की हो ही नहीं सकतीं। किसी ने उसे व्यर्थ परेशान करने को तो निशान नहीं लगा दिये? हो सकता है, वह लक्ष्मी बहुत चुहलबाज़ हो और ज़रा छकाने को उसी ने सब किया हो...

यद्यपि गोविन्द इस तरह आँखें बन्द किये सोच रहा था; लेकिन उसे मन-ही-मन डर था कि मिस्तरी और दरबान उसे देखकर कुछ समझ न जायें। सबसे बड़ा डर उसे लाला रूपाराम का था। अभी रूई-भरी, सकलपारों वाली सिलाई की, मैली-सी पूरी बाँहों की मिरज़ई पहने और उस पर मैली चीकट, युगों पुरानी अंडी लपेटे, धीरे-धीरे हाँफते हुए बेंत टेकते बड़े कष्ट से सीढ़ियाँ उतरकर वे आयेंगे...

अचानक बेंत की खट्-खट् से चौंककर उसने जो आँखों के आगे से हाथ हटाये तो देखा, सच ही लाला रूपाराम चले आ रहे हैं। अरे, कम्बख्त याद करते ही

आ पहुँचा—बैठे हुए देख तो नहीं लिया? उसने झट पत्रिका को घुटने के नीचे और भी सरका लिया और सामने फैले पुर्जों पर आँखें टिकाकर व्यस्त हो उठा। मिस्तरी और चौकीदार की खुसुर-पुसुर बन्द हो गयी। गली-सी पार करके लाला रूपाराम ने प्रवेश किया।

मोटे-मोटे शीशों के पीछे से उनकी आँखें बड़ी होकर भयंकर दीखती थीं। आँखों और पलकों का रंग मिलकर ऐसा दिखाई देता था, जैसे पीछे मोरपंख के चंदावे लगे हों। सिर पर रूई-भरा कंटोपा था, उसके कानों को ढकने वाले मोटर के 'मडगार्ड' जैसे कोने अब ऊपर मुड़े थे और पौराणिक राक्षसों के सींगों का दृश्य उपस्थित कर रहे थे। चेहरा उनका झुर्रियों से भरा था और चश्मे का फ्रेम नाक के ऊपर से टूट गया था, उसे उन्होंने डोरा लपेटकर मज़बूत कर लिया था। दाँत उनके नक़ली थे और शायद ढीले भी थे; क्योंकि उन्हें वे हमेशा इस तरह मुँह चला-चलाकर पीछे सरकाये रखते थे जैसे 'चुइंगम' चबा रहे हों। गोविन्द को उनके इस मुँह चलाने और मुँह से निकलती तरह-तरह की आवाज़ों से बड़ी उबकाई-सी आती थी और जब वे उससे बात करते तो वह प्रयत्न करके अपना ध्यान उस ओर से हटाये रखता। लाला रूपाराम की गर्दन हमेशा इस तरह हिलती रहती, जैसे खिलौने वाले बुड्ढे की गर्दन का स्प्रिंग ढीला हो गया हो! घुटनों तक की मैली-कुचैली धोती और मिलिटरी के कबाड़िया बाज़ार से ख़रीदकर लाये गये मोज़ों पर बाँधने की पट्टियाँ, जो शायद उन्हें गठिया के दर्द से भी बचाती थीं; बिना फीते के खींसें निपोरते फटे-पुराने बूट— उन्हें देखकर हमेशा गोविन्द को लगता कि इस आदमी का अन्त समय निकट आ गया है।

जब लाला रूपाराम पास आ गये तो उनके सम्मान में चेहरे पर चिकनाई वाली मुस्कान लाकर उनकी ओर देखते हुए स्वागत किया। ईंटों के चबूतरे पर लगभग दो सौ स्याही के दाग़ और छेद वाली दरी पर, रामस्वरूप के उससे सटकर खड़े होने से, एक मोटी-सी सिकुड़न पड़ गयी थी, उसे हाथ से ठीक करके उसने कहा, 'लाला जी, यहाँ बैठिए...।'

लाला जी ने हाँफते हुए बिना बोले ही इशारा कर दिया कि नहीं, वे ठीक हैं। और वे टीन की कुर्सी पर ही उसकी ओर मुँह करके बैठ गये और हाँफते रहे। असल में उन्हें साँस की बीमारी थी और वे हमेशा प्यासे कुत्ते की तरह हाँफते रहते थे।

उनके वहाँ आ बैठने से एक बार तो गोविन्द काँप उठा, कहीं कम्बख़्त को पता तो नहीं चल गया? कुछ पूछने-ताछने न आया हो। हालाँकि लाला रूपाराम इस समय खा-पीकर एक बार चक्कर ज़रूर लगाते थे, लेकिन उसे विश्वास हो गया

कि हो-न-हो, बुड्ढा ताड़ गया है। उसका दिल धसक चला। रूपाराम अभी हाँफ रहे थे। गोविन्द सिर झुकाये ही हिसाब-किताब जोड़ता रहा। आख़िर स्थिति सँभालने की दृष्टि से उसने कहा, 'लाला जी, आज मेरा नाम आ गया कॉलेज में।'

'अच्छा!' लाला जी ने खाँसी के बीच में ही कहा। वह एक हाथ से डंडे को धरती पर टेके थे, दूसरे हाथ में कलाई तक गोमुखी बँधी थी, जिसके भीतर उँगलियाँ चला-चलाकर वह माला घुमा रहे थे। और उनका वह हाथ टोंटा-सा लग रहा था।

वातावरण का बोझ बढ़ता ही चला जा रहा था कि एक घटना हो गयी।

उन्होंने साँस इकट्ठी करके कुछ बोलने को मुँह खोला ही था कि भीतर आँगन का टट्टर (लोहे का जाल) भयंकर रूप से झनझना उठा, जैसे कोई बहुत ही भारी चीज़ ऊपर से फेंक दी गयी हो। और फिर ज़ोर से बजती हुई खनखनाती कल्छी जैसी चीज़ नीचे आ गिरी; उसके पीछे चिमटा, संडासी...और फिर तो उसे ऐसा लगा जैसे कोई बाल्टी, कड़ाही, तवा इत्यादि निकालकर टट्टर पर फेंक रहा है और पानी और छोटी-मोटी चीज़ें नीचे गिर रही हैं। उसके साथ कुछ ऐसा कोलाहल और कुहराम भीतर सुनायी दिया, जैसे आग लग गयी हो!

गोविन्द झटककर सीधा हो गया—कहीं सचमुच आग-वाग तो नहीं लग गयी? उसने प्रश्नसूचक दृष्टि से चौंककर लाला की तरफ़ देखा और वह आश्चर्य से अवाक् रह गया। लाला परेशान ज़रूर दिखाई देता था लेकिन कोई भयंकर घटना हो गयी है और उसे दौड़कर जाना चाहिए, ऐसी कोई बात उसके चेहरे पर नहीं थी। मिस्तरी और चौकीदार, दोनों बड़े दबे व्यंग्य से एक-दूसरे की ओर देखते, मुस्कराते, लाला की ओर निगाहें फेंक रहे थे। किसी को भी कोई खास चिन्ता नहीं थी। भीतर कोलाहल बढ़ रहा था, चीज़ें फिंक रही थीं और टट्टर की खड़खड़ाहट-घनघनाहट गूँजती जा रही थी। आख़िर यह क्या हो रहा है? उत्तेजना से उसकी पसलियाँ तड़कने को हो आयीं। वह लाला से यह पूछने ही वाला था कि यह क्या है, तभी बड़े कष्ट से हाथ की लकड़ी पर सारा ज़ोर देकर वह उठ खड़ा हुआ...और घिसटता-सा जहाँ से आया, उसी गली में चला गया। जाते हुए उलटकर धीरे से उसने किवाड़ बन्द कर दिये। मिस्तरी और चौकीदार ने मुक्त होकर बदन ढीला किया, एक-दूसरे की ओर मुस्कराकर देखा, खँखारा और फिर एक बार खुलकर मुस्कराये। लाला का पीछा करती गोविन्द की निगाह अब उन लोगों की ओर मुड़ गयी। और जब उससे नहीं रहा गया तो वह खड़ा हो गया। मुर्गे के पंखों की तरह कम्बल को बाँहों पर फड़फड़ाकर उसने लपेटा और उस पत्रिका को देखता हुआ चबूतरे से नीचे उतर आया।

थोड़ी देर यों ही असमंजस में खड़ा रहा, फिर उस गलियारे के दरवाज़े तक गया कि कुछ दिखाई-सुनाई दे। कोलाहल में चार-पाँच आवाज़ें एक साथ किवाड़ की दरार से घुटी-घुटी सुनाई दीं और उसमें सबसे तेज़ आवाज़ वही थी जिसे उसने लक्ष्मी की आवाज़ समझ रखा था। हे भगवान, क्या हो गया? कोई कहीं से गिर पड़ा, आग लग गयी, साँप-बिच्छू ने काट लिया? लेकिन जिस तरह ये लोग बैठे देख रहे थे, उससे तो ऐसा लगता था जैसे यह कोई ख़ास बात नहीं है। यह कम्बख्त किवाड़ क्यों बन्द कर गया? इस वक़्त टट्टर इस तरह धमाधम बज रहा था, जैसे उस पर कोई तांडव कर रहा हो। उस ऊँची, चीखती महीन आवाज़ में वह नारी-कंठ, जिसे वह लक्ष्मी की आवाज़ समझता था, इतनी तेज़ और ज़ोर से बोल रहा था कि लाख कोशिश करने पर भी वह कुछ नहीं समझ सका।

'परेशान क्यों हो रहे हो बाबू जी?' चौकीदार की आवाज़ सुनकर वह एकदम सीधा खड़ा हो गया। मुस्कराता हुआ वह कह रहा था, 'आज चंडी चेत रही है।' उसकी इस बात पर मिस्तरी हँसा।

गोविन्द बुरी तरह झुँझला उठा। कोई इतनी बड़ी बात, घटना हो रही है और ये बदमाश इस तरह मज़ा लूट रहे हैं! फिर भी वह अत्यन्त चिन्तित और उत्सुक-सा उधर मुड़ा।

इस बड़े कमरे या छोटे हॉल में हर चीज़ पर आटे का महीन पाउडर छाया हुआ था। एक ओर आटे में नहायी चक्की, काले पत्थर के बने हाथी की तरह चुपचाप खड़ी थी और उसका पिसे आटे को सँभालने वाला गिलाफ़ हाथी की सूँड़ की तरह लटका था। उसी की सीध में दूसरी दीवार के नीचे मोटर लगी थी, जहाँ से एक चौड़ा पट्टा चक्की को चलाता था। इतने हिस्से में सुरक्षा के लिए एक रेलिंग लगा दिया गया था। सामने की दीवार में चिपके लम्बे-चौड़े लाल चौकोर तख्ते पर एक खोपड़ी और दो हड्डियों के क्रॉस के नीचे 'ख़तरा' और 'डेंजर' लिखे थे। उसके चबूतरे की बगल में ही छत से जाती ज़ंजीर में एक बड़ी लोहे की तराजू, कथकली की मुद्रा में एक बाँह ऊँची किये लटकी थी, क्योंकि दूसरे पलड़े में मन से लेकर छटाँक तक के बाटों का ढेर लगा था। यद्यपि लाला रूपाराम अक्सर चौकीदार को डाँटते थे कि रात में इसे उतारकर रख दिया कर; लेकिन किसी-किसी दिन आधी रात तक चक्की चलती और दुकान-दफ़्तर वाले तो सुबह पाँच बजे से ही आने लगते—उस समय बर्फ़ जैसी ठण्डी तराजू को छूना और टाँगना दिलावरसिंह को अधिक पसन्द नहीं था। वह उसे यह कहकर टाल देता कि लड़ाई में सुबह-ही-सुबह काफ़ी ठण्डी बन्दूकें लेकर मार्च और परेड कर लिया, अब क्या ज़िन्दगी-भर

ठण्डा लोहा ही छूना उसकी क़िस्मत में बदा है? इसीलिए वह उसे टँगी ही रहने देता। हालाँकि ठीक बीच में होने के कारण वह जब भी दरवाज़ा खोलने उठता तो खुद ही उससे टकराता-उलझता और रात के एकान्त में फ़ौजी गालियों का स्वागत भाषण करता। पुराना कैलेंडर, एक ओर पिसाई के लिए भरे अन्न या पिसे आटे के बोरे, कनस्तर, पोटलियाँ और ऊपर चढ़कर अन्न डालने का मज़बूत-सा स्टूल। इस समय दोनों टाँगें, जिनमें कीलदार फुलबूट डटे हुए थे, धरती पर फैलाये चौकीदार मज़े में खाट की पाटी पर झुका बैठा अपना पुराना—पहली लड़ाई के सिपाहीपने की याद—ग्रेटकोट चारों ओर लपेटे शान से बीड़ी धौंक रहा था और धीरे-धीरे सामने बैठे मिस्तरी सलीम से बातें भी करता जा रहा था।

उसके और मिस्तरी के बीच में एक बरोसी जल रही थी; जब भी ध्यान आ जाता तो पास रखे कोयले-लकड़ी कुछ डाल देता और कभी-कभी अत्यन्त निस्पृहता से हाथ या पाँव उस दिशा में बढ़ाकर गर्मी सोखता। सलीम सिर झुकाये गर्म पानी की बाल्टी में ट्यूब डुबा-डुबाकर उनके पंक्चर देखने में व्यस्त था। उसके आस-पास दस-बारह काले-लाल ट्यूब, रबर की कतरनें, कैंची, पेंच, प्लास, सोल्यूशन, चमड़े की पेटी और एक ओर टायर लटके दस-बारह साइकिल के पहियों का ढेर था। अपने इस सामान से उसने आधे से ज़्यादा कमरा घेर लिया था।

जब गोविन्द उसके पास आया तो वह सिर झुकाये ही हँसता हुआ ट्यूब के पंक्चर को पकड़कर कान में लगी कॉपीइंग पेंसिल को थूक से गीला करते हुए (हालाँकि ट्यूब पानी से भीगा था और सामने पानी-भरी बाल्टी भी रखी थी) निशान लगाता हुआ जवाब दे रहा था, 'यह कहा जमादार साहब ने?' फिर एक भौंह को ज़रा तिरछी करके बोला, 'लाला कुछ नामा ढीला करे तो...उसकी लड़की पर जिन का साया है, उसका इलाज तो हम अपने मौलवी बदरुद्दीन साहब से मिनटों में करा दें।'

गोविन्द का माथा ठनका, लाला की किसी लड़की पर क्या कोई देवी आती है? उसे अपने गाँव की एक ब्राह्मणी विधवा, तारा का एकदम ध्यान हो आया। उसे भी जब देवी आती थी तो घर के बर्तन उठा-उठाकर फेंकती थी, उसका सारा बदन ऐंठने लगता था, मुँह से झाग जाने लगते थे, गर्दन मरोड़ खाने लगती थी, आँखें और जीभ बाहर निकलने लगती थीं। कौन लड़की है लाला की? लक्ष्मी तो नहीं? भगवान करे, लक्ष्मी न हो! उसका दिल आशंका से डूबने-सा लगा। उसने सुना, कोलाहल अब लगभग शान्त हो गया था और कहीं दूर से रह-रहकर एक हल्की

रोने की आवाज़-भर सुनाई देती थी। शायद किसी को दौरा-बौरा ही आ गया है, तभी तो ये लोग निश्चिन्त हैं।

गोविन्द को सुनाकर चौकीदार बोला, 'नामा? तुम भी यार मिस्तरी, किसी दिन बेचारे बुड्ढे का हार्टफेल कराओगे। और बेटा, इस 'जिन' का इलाज तुम्हारे मौलवी के पास नहीं है, समझे? वह तो हवा ही दूसरी है। आओ बाबू जी, बैठो।'

चौकीदार ने बैठे-बैठे स्टूल की तरफ़ इशारा किया। असल में वह गोविन्द को 'बाबू जी' ज़रूर कहता था; लेकिन उसका विशेष आदर नहीं करता था। एक तो गोविन्द क़स्बे से आया था, और उसे शहर में चौकीदारी करते हो चुके थे नक़द बीस साल; दूसरे वह फ़ौज में रहा था और कैरो तक घूम आया था—उम्र, अनुभव, तहज़ीब सभी में वह अपने को गोविन्द से ज़्यादा ही समझता था। लेकिन गोविन्द को इस समय इस सबका ध्यान नहीं था। उसने स्टूल से टिककर ज़रा सहारा लेते हुए चिन्तित स्वर में पूछा, "क्यों भई, यह शोरगुल क्या था? क्या हो रहा था?"

मिस्तरी ने सिर उठाकर उसे देखा और चौकीदार की मुस्कराती नज़रों से उसकी आँखें मिलीं। उसने अपनी खिचड़ी मूँछों पर हथेली फेरते हुए कहा, 'कुछ नहीं बाबू जी, ऊपर कोई चीज़ किसी बच्चे ने गिरा दी होगी...।'

मिस्तरी ने कहा, 'जमादार साहब, झूठ क्यों बोलते हो? साफ़-साफ़ क्यों नहीं बता देते? अब इनसे क्या छिपा रहेगा?'

'तू खुद क्यों नहीं बता देता?' चौकीदार ने कहा और जेब से बीड़ी का बंडल निकाल लिया, काग़ज़ नोचकर आटे की लोई बनाने की तरह उसे ढीला किया, फिर एक बीड़ी निकालकर मिस्तरी की ओर फेंकी। दूसरी को दोनों तरफ़ से फूँका और जलाने के लिए किसी दहकते कोयले की तलाश में बरोसी में निगाहें घुमाते ज़रा व्यस्तता से बात जारी रखी, 'तुझे क्या मालूम नहीं है?'

इन दोनों की चुहल से गोविन्द की झुँझलाहट बढ़ रही थी। उसे लगा, ज़रूर ही दाल में काला है, जिसे ये लोग टाल रहे हैं। मिस्तरी जीभ निकाले पंक्चर के स्थान को रेगमाल से घिस रहा था। वह जब भी कोई काम एकाग्रचित्त से करता तो अपनी जीभ को निकालकर ऊपर के होंठ की तरफ़ मोड़ लेता था। उसकी चाँद के बीच में उभरते गंज को देखकर गोविन्द ने सोचा कि गंजापन तो रईसी की निशानी है; लेकिन यह कम्बख्त तो आधी रात में यहाँ पंक्चर जोड़ रहा है। उसने उसी तरह सिर झुकाये ही कहा, 'अब मैं बाबू जी को क़िस्सा बताऊँ या इन ट्यूबों से सिर फोड़ूँ? साले सड़कर हलुआ तो हो गये हैं, पर बदलेगा नहीं। मन तो होता है, सबको उठाकर इस अँगीठी में रख दूँ, होगा सुबह सो देखा जायेगा...'

'ये इतने ट्यूब हैं काहे के?' ज़रा आत्मीयता जताने को गोविन्द ने पूछा, 'हालत तो सचमुच इतनी बड़ी ख़राब हो रही है।'

'आपको नहीं मालूम?' इस बार काम छोड़कर मिस्तरी ने गौर से गोविन्द को देखा, 'यह आपके लाला के जो दो दर्जन रिक्शा चलते हैं, उनका कूड़ा है। यह तो होता नहीं कि इतने रिक्शे हैं, रोज़ टूट-फूट, मरम्मत होती ही रहती है; हमेशा के लिए लगा ले एक मिस्तरी; दिन भर की छुट्टी हुई। सो तो नहीं; ट्यूब-टायर मेरे सिर हैं और बाकी टूट-फूट मिस्तरी अली अहमद ठीक करते हैं।' फिर उनसे यूँ ही पूछा, 'आप बाबू जी, नये आये हैं?'

'हाँ, दो-तीन दिन ही तो हुए हैं। मैं यहाँ पढ़ने आया हूँ।' गोविन्द ने कहा। उसके पेट में खलबलाहट मच रही थी, लेकिन वह नये सिरे से पूछने का सूत्र खोज रहा था।

'तभी तो,' मिस्तरी बोला, 'तभी तो आप यह सब पूछ रहे हैं। रात को इसका हिसाब रखते हैं न? हाँ, थोड़े दिनों में अपने फ़रज़न्द को भी आपसे पढ़वायेगा।' अपने 'फ़रज़न्द' शब्द में सौ व्यंग्य उसने दिया था, उससे ख़ुद ही प्रसन्न होकर मुस्कराते हुए उसने चौकीदार की दी हुई बीड़ी सुलगाई।

'अबे, उन्हें यह सब क्या बताता है? वे तो उसके गाँव से ही आये हैं। उन्हें सब मालूम है।' चौकीदार बोला।

'नहीं, सच, मुझे कुछ नहीं मालूम।' गोविन्द ने ज़रा आश्वासन के स्वर में कहा, 'इन लाला के तो पिता ही यहाँ चले आये थे न, सो हम लोगों को कुछ भी नहीं मालूम। बताइए न, क्या बात है?' गोविन्द ने आदरपूर्वक ज़रा ख़ुशामद के लहजे में पूछा।

शायद उसकी जिज्ञासु व्याकुलता से प्रभावित होकर ही मिस्तरी बोला, 'अजी कुछ नहीं, लाला की बड़ी लड़की जो है न, उसे मिरगी का दौरा आता है। कोई कहता है उसे हिस्टीरिया है, पर हमारा तो क़यास है कि बाबू जी, दौरा-वौरा कुछ नहीं, उस पर किसी आसेब का साया है...उस बेचारी को तो कुछ होश नहीं रहता।'

'विधवा है?' जल्दी से बात काटकर गोविन्द धक्-धक् करते दिल से पूछ बैठा—हाय, लक्ष्मी ही न हो!

इस बार पुन: दोनों की निगाहों का आपस में टकराकर मुस्कराना उससे छिपा न रहा। बीड़ी के लम्बे कश के धुएँ को लीलकर इस बार चौकीदार ज़बरदस्ती गम्भीर बनकर बोला, 'अजी, इसने इसकी शादी ही कहाँ की है?'

'नाम क्या है?' गोविन्द से नहीं रहा गया।

'लक्ष्मी।'

'लक्ष्मी...!' उसके मुँह से निकल गया और जैसे एकदम उसकी सारी शक्ति किसी ने सोख ली हो, जिज्ञासा और उत्तेजना से तना शरीर ढीला पड़ गया।

चौकीदार इस बार अत्यन्त ही रहस्यमय ढंग से हँसा, जैसे कह रहा हो—अच्छा, तुम भी जानते हो?

गोविन्द के मन में स्वाभाविक प्रश्न उठा, उसकी उम्र क्या है?

लेकिन चौकीदार ने पूछा, 'तो सचमुच बाबू जी, आप इनके घर के बारे में कुछ भी नहीं जानते?'

'नहीं भाई, मैंने बताया तो, मैं इनके बारे में कुछ भी क़तई नहीं जानता।' एक तरह आत्म-समर्पण के भाव से गोविन्द बोला।

'लेकिन लक्ष्मी का क़िस्सा तो सारे शहर में मशहूर है,' चौकीदार बोला।

'आप शायद नये आये हैं, यही वजह है।' फिर मिस्तरी की ओर देखकर बोला, 'क्यों मिस्तरी साहब, तो बाबू जी को क़िस्सा बता ही दूँ...।'

'अरे लो, यह भी कोई पूछने की बात है? इसमें छिपाना क्या? यहाँ रहेंगे तो कभी-न-कभी जान ही जायेंगे।'

'अच्छा तो फिर सुन ही लो यार, तुम भी क्या कहोगे...' चौकीदार ने आनन्द में आकर कहना शुरू किया, 'आप शायद जानते हैं, यह हमारा लाला शहर का मशहूर कंजूस और मशहूर रईस है...।'

'लामुहाला जो कंजूस होगा वो रईस तो होगा ही।' मिस्तरी बोला।

'नहीं मिस्तरी साहब, पूरा क़िस्सा सुनना हो तो बीच में मत टोको।' चौकीदार इस हस्तक्षेप पर नाराज़ हो गया।

'अच्छा-अच्छा, सुनाओ।' मिस्तरी बुड्ढों की तरह मुस्कराया।

'इसकी यह चक्की है न, सहालगों में इस पर हज़ारों मन पिसता है, वैसे भी दो-ढाई सौ मन तो कम-से-कम पिसता ही है रोज़। अफ़सरों और क्लर्कों को कुछ खिला-पिलाकर लड़ाई के ज़माने में इसे मिलिटरी से कुछ ठेके मिल ही जाते थे। आप जानो, मिलिटरी का ठेका तो जिसके पास आया सो बना। आप उन दिनों देखते 'लक्ष्मी फ्लोर मिल' के हल्ले। बोरे यों चुने रखे रहते थे, जैसे मोर्चे के लिए बालू भर-भरकर रख दिये हों! इसमें इसने ख़ूब रुपया पीटा, मिलिटरी के गेहूँ बेच दिये औने-पौने भाव, और रद्दी सस्तेवाले ख़रीदकर कोटा पूरा किया; उसमें खड़िया

मिला दी। पिसाई के उल्टे-सीधे पैसे तो इसने मारे ही, ब्लैक, चार सौ बीसी, चोरी— क्या-क्या इसने नहीं किया! इसके अलावा एक बड़ी साबुन की फैक्टरी और एक काफ़ी बड़ा जूतों का कारखाना भी इसका है। दस-बारह से ज़्यादा इसके मकान हैं, जिनका किराया आता है। रुपये सूद पर देता है। शायद गाँव में भी काफ़ी ज़मीन इसने ले रखी है। एक काम है साले का! इतना तो हमें पता है, बाकी इसकी असली आमदनी तो कोई भी नहीं जानता, कुछ-न-कुछ करता ही रहता है। भगवान ही जाने! रात-दिन किसी-न-किसी तिकड़म में लगा ही रहता है। करोड़ों का आसामी है। और सबसे ताज्जुब की बात तो यह है कि सब सिर्फ़ इसी पच्चीस-छब्बीस साल में जमा की हुई रक़म है।' चौकीदार दिलावरसिंह मिलिटरी में रह आने के कारण ख़ूब बातूनी था और मोर्चे के अपने अफ़सरों के क़िस्सों को, अपनी बहादुरी के कारनामों को ख़ूब नमक-मिर्च लगाकर इतनी बार सुना चुका था कि उसे कहानी सुनाने का मुहावरा हो गया था। हर बात के उतार-चढ़ाव के साथ उसकी आँखें और चेहरे की भंगिमाएँ बदलती रहती थीं।

उसकी बातें गौर और रुचि से सुनते हुए भी गोविन्द के मन में एक बात टकरायी, लक्ष्मी को दौरे आते हैं, कहीं ऐसा तो नहीं कि उसने जो यह निशान लगाकर भेजे हैं, यह भी दौरों की दशा में ही लगाये हों और उनका कोई विशेष गहरा अर्थ न हो। इस बात से सचमुच उसे बड़ी निराशा हुई, फिर भी उसने ऊपर से आश्चर्य प्रकट करके पूछा, 'सिर्फ़ पच्चीस-छब्बीस साल?'

नयी बीड़ी जलाते हुए चौकीदार ने ज़ोर से सिर हिलाया। गोविन्द ने सोचा— 'और लक्ष्मी की उम्र क्या होगी?'

'और कंजूसी की तो हद आपने देख ही ली होगी! बुड्ढा हो गया है, साँस का रोग हो रहा है, सारा बदन काँपता है; लेकिन एक पैसे का भी फायदा देखेगा तो दस मील धूप में हाँफता हुआ पैदल जायेगा, क्या मजाल जो सवारी कर ले। गर्मी आयी तो पूरा शरीर नंगा; कमर में धोती—आधी पहने, आधी बदन में लपेटे। जाड़ा हुआ तो यही ड्रैस, बस, इसी में पिछले दस साल से तो मैं देख रहा हूँ। कभी किसी मकान की मरम्मत न कराना, सफ़ेदी-सफ़ाई न कराना और हमेशा यही ध्यान रखना कि कौन कितनी बिजली ख़र्च कर रहा है, कहाँ बेकार नल या पंखा चल रहा है। लड़का है सो उसे मुफ़्त के चुंगी के स्कूल में डाल दिया है, लड़की घर पर बैठा रखी है। एक-एक पैसे के लिए घंटों रिक्शा वालों, ट्रक वालों से लड़ना, बहसें करना और चक्की वालों की नाक में दम रखना, उन्हें दिन-रात यह सिखाना कि किस चालाकी से आटा बचाया जा सकता है। बीसियों रुपये का आटा रोज़ होटल वालों को बिकता है,

सो अलग। जिस दिन से चक्की खुली है, घर के लिए तो आटा बाज़ार से आया ही नहीं। आप विश्वास मानिये, कम-से-कम बारह-पन्द्रह हज़ार की आमदनी होगी इसकी, लेकिन सूरत देखिए, मक्खियाँ भिनभिनाती रहती हैं। किसी आने-जाने वाले के लिए एक कुर्सी तक नहीं—पान-सुपाड़ी की तो बात ही दूर है। कौन कह देगा कि यह पैसे वाला है? यह उम्र होने आयी, सुबह से शाम तक बस, पैसे के पीछे हाय-हाय! दुनिया के किसी और काम से इसे मतलब ही नहीं है। सभा हो, सोसाइटी हो, हड़ताल हो, छुट्टी हो, कुछ भी हो—लेकिन लाला रूपाराम अपनी ही धुन में मस्त! नौकरों को कम-से-कम देना पड़े, इसलिए ख़ुद ही उनके काम को देखता है। मुझसे तो कुछ इसलिए नहीं कहता कि मुझ पर थोड़ा विश्वास है; दूसरे मेरी ज़रूरत सबसे बड़ी है। लेकिन बाकी हर नौकर रोता है इसके नाम को। और मज़ा यह कि सब जानते हैं कि झक्की है। कोई इसकी बात को ध्यान से सुनता नहीं। बाद में सब इसका नुक़सान करते हैं, आस-पास के सभी हँसते और गालियाँ देते हैं...'

'बच्चे कितने हैं...?' चौकीदार को इन बेकार की बातों में बहकता देखकर गोविन्द ने सवाल किया।

'उसी बात पर आता हूँ,' चौकीदार इत्मीनान से बोला, 'सच बाबू जी, मैं यह देख-देखकर हैरान हूँ कि इस उम्र तक तो इसने यह दौलत जुटायी है, अब इसका यह कम्बख्त करेगा क्या? लोग जमा करते हैं कि बैठकर भोगें; लेकिन यह राक्षस तो जमा करने में ही लगा रहता है। इसे जमा करने की ही ऐसी हाय-हाय रही है कि दौलत किसलिए जमा की जाती है, इस बात को यह बेचारा बिल्कुल भूल गया है।' फिर बड़े चिन्तित और दार्शनिक मूड में दिलावरसिंह ने आग वाली राख को देखते हुए कहा, 'इस उम्र तक तो इसे जोड़ने की ऐसी हवस है, अब इसका यह भोग कब करेगा? सचमुच बाबू जी, जब कभी मैं सोचता हूँ तो बेचारे पर बड़ी दया आती है। देखो, आज की तारीख़ तक यह बेचारा भाग-दौड़कर, लू-धूप की चिन्ता छोड़कर जमा कर रहा है। एक पाई उसमें से खा नहीं सकता, जैसे किसी दूसरे का हो—अब मान लीजिए, कल यह मर जाता है, तो यह सब किसके लिए जमा किया गया? बेचारे के साथ कैसे लाचारी है, मरकर-जीकर, नौकर की तरह जमा किये जा रहा है, न ख़ुद खा सकता है, न देख सकता है कि कोई दूसरा छू भी ले—जैसे धन के ऊपर बैठा साँप, ख़ुद उसे खा नहीं सकता, खाने तो ख़ैर देगा ही क्या? उसकी रखवाली करना और जोड़ना...' और लाला रूपाराम के प्रति दया से अभिभूत होकर चौकीदार ने एक गहरी साँस ली। फिर दूसरे ही क्षण दाँत किटकिटाता हुआ बोला, 'और कभी-कभी मन होता है, छुरा लेकर साले की छाती पर जा चढ़ूँ, और मुरब्बे के

आम की तरह गोदूँ। अपने पेट में जो इसने इतना धन भर रखा है, उसकी एक-एक पाई उगलवा लूँ। चाहे ख़ुद न खाये लेकिन, जिसे अपने बच्चों को भी खिला-पिला नहीं सकता, उस धन का क्या होगा?'

'इसके बच्चे कितने हैं?' इस बार फिर गोविन्द अधीर हो आया। असल में वह चाहता था कि दार्शनिक उद्‌गारों को छोड़कर वह जल्दी-से-जल्दी मूल विषय पर आ जाये—लक्ष्मी के विषय में बताये।

वर्णन में बह जाने की अपनी कमज़ोरी पर चौकीदार मुस्कराया और बोला, 'इसके बच्चे हैं चार; बीवी मर गयी, बाकी किसी नातेदार, किसी रिश्तेदार को झाँकने नहीं देता, ऊपर तो कोई नौकर भी नहीं है। बस, एक मरी-मराई सी बुढ़िया पाल ली है, लोग बड़े भाई की बीवी बताते हैं। बस, वही सारी देख-भाल करती है। और तो किसी को मैंने साथ देखा नहीं। ख़ुद के तीन लड़के और एक लड़की...।'

'बड़े दो लड़के तो साथ नहीं रहते...' इस बार मिस्तरी बोला।

'हाँ, वो लोग अलग ही रहते हैं। दिन में एकाध चक्कर लगा जाते हैं। एक जूतों का कारख़ाना देखता है, दूसरा साबुन की फैक्टरी सँभालता है। इस साले को उन पर भी विश्वास नहीं है। पूरे काग़ज़-पत्तर, हिसाब-किसाब अपने पास ही रखता है, नियम से शाम को वहाँ जाता है वसूली करने। लेकिन लड़के भी बड़े तेज हैं, ज़रा शौक़ीन तबियत पायी है। इसके मरते ही देख लेना मिस्तरी, वो इसकी सारी कंजूसी निकाल डालेंगे।' फिर याद करके बोला, 'और क्या कहा तुमने? साथ रहने की बात, सो भैया, जब तक अकेले थे, तब तक तो कोई बात ही नहीं थी; लेकिन अब तो उनकी बीवियाँ आ गयी हैं न, एकाध बच्चा भी आ गया है घर में, सो उसे दिन भर गोद में लटकाये फिरता है। इसके घर में एक चंडी जो है न, उसके साथ सबका निभाव नहीं हो सकता।'

एकदम गोविन्द के मन में आया—लक्ष्मी। और वह ऊपर से नीचे तक सिहर उठा। 'कौन? लक्ष्मी!' उसके मुँह से निकल गया।

'जी हाँ, उसी की बदौलत तो यह सारा खेल है, वही तो इस भंडारे की चाबी है। वह न होती तो यह सब ताम-झाम आता कहाँ से? उसने तो इसके दिन ही पलट दिये, नहीं तो था क्या इसके पास?' इस बार यह बात चौकीदार ने ऐसे लटके से कही, जैसे सचमुच किसी रहस्य की चाबी दे दी हो।

'कैसे भाई, कैसे?' गोविन्द पूछ बैठा। उसका दिमाग़ चकरा गया। यह क्या विरोधाभास है? एक पल को उसके दिमाग़ में आया—कहीं यह रुपया कमाने के लिए तो लक्ष्मी का उपयोग नहीं करता? राक्षस! चाण्डाल!

उसकी व्याकुलता पर चौकीदार फिर मुस्कराया, और बोला, 'बाप तो इसका ऐसा रईस था भी नहीं, फिर वह कच्ची गृहस्थी छोड़कर मर गया था। ज़्यादा-से-ज़्यादा हज़ार-हज़ार रुपया दोनों भाइयों के पल्ले पड़ा होगा। शादियाँ दोनों की हो ही चुकी थीं। कुछ कारोबार खोलने के विचार से यह सट्टे में अपने रुपये दूने-चौगुने करने जो पहुँचा तो सारे गँवा आया। बड़े भइया रोचूराम ने एक पनचक्की खोल डाली। पहले तो उसकी भी हालत डाँवाडोल रही थी; लेकिन सुनते हैं कि जब से उसकी लड़की गौरी पैदा हुई, उसकी हालत सँभलती ही चली गयी। वह उसी के यहाँ काम करता था, मियाँ-बीवी वहीं पड़े रहते। ऐसा कुछ उस लड़की का पाँव आया कि लाला रोचूराम सचमुच के लाला हो गये। इन लोगों के बड़े-बूढ़ों का कहना था कि लड़की उनके खानदान में भगवान होती है। अब तो अपना लाला कभी इस ओझा के पास जा, कभी उस पीर के पास जा, कभी इसकी 'मानता', कभी उसका 'संकल्प'—दिन-रात बस यही कि हे भगवान, मेरी लड़की हो। और पता नहीं कैसे, भगवान ने सुन ली और लड़की ही आयी। आप विश्वास नहीं करेंगे, फिर तो सचमुच ही रूपाराम के नक्शे बदलने लगे। पता नहीं गड़ा हुआ मिला या छप्पर फाड़कर मिला—लाला रूपाराम के सितारे फिर गये...। इसे विश्वास होने लगा कि यह सब बेटी की कृपा है और वास्तव में यह कोई देवी है। उसने उसका नाम लक्ष्मी रखा और साहब, कहना पड़ेगा कि लक्ष्मी सचमुच लक्ष्मी ही बनकर आयी। थोड़े दिनों में ही 'लक्ष्मी फ्लोर मिल' अलग बन गयी। अब तो इसका यह हाल है कि यह मिट्टी भी छू दे तो सोना बन जाये और कंकड़ को उठा ले तो हीरा दीखे। फिर आ गयी लड़ाई और इसके पंजे-छक्के हो गये। इसे ठेके मिलने लगे। समझिये, एक के बाद एक मकान ख़रीदे जाने लगे—सामान लाने-ले जाने वाले ट्रक आये। इधर रोचूराम भी फल रहा था, और दोनों भाई गर्व से कहते थे—'हमारे यहाँ लड़कियाँ लक्ष्मी बनकर ही आती हैं।' लेकिन फिर एक ऐसा वाक़या हो गया कि तस्वीर की शक्ल बदल गयी...' चौकीदार दिलावरसिंह जानता था कि यह उसकी कहानी का क्लाइमैक्स है। इसलिए श्रोताओं की उत्सुकता को झटका देने के लिए उसने उँगलियों में दबी, व्यर्थ जलती बीड़ी को दो-तीन कश लगाकर ख़त्म किया और बोला :

'गौरी शादी लायक़ हो गयी थी। शायद किसी पड़ोसी लड़के को लेकर कुछ ऐसी-वैसी बातें भी लाला रोचूराम ने सुनीं। लोगों ने उँगलियाँ उठाना शुरू कर दिया तो उन्होंने गौरी की शादी कर दी। बस, उसकी शादी होना था कि जैसे एकदम सारा खेल उजड़ गया। उसके जाते ही लाला एक बहुत बड़ा मुक़दमा हार गया और

भगवान की लीला देखिए, उन्हीं दिनों उसकी पनचक्की में आग लग गयी। कुछ लोगों का कहना तो यह है किसी घरेलू दुश्मन का काम था। जो भी हो, बड़े हाथी की तरह जो एकबारगी गिरे तो उठना दुश्वार हो गया। लोग रुपये दाब गये और उनका दिवाला निकल गया। दिवाला क्या जी, एक तरह से बिल्कुल मटिया मेट हो गया। सब कुछ चौपट हो गया और छल्ला-छल्ला तक बिक गया। एक दिन लाला जी की लाश तालाब में फूली हुई मिली। अब तो हमारे लाला रूपाराम को साँप सूँघ गया, उनके कान खड़े हो गये और लक्ष्मी पर पहरा बैठा दिया गया। उसे स्कूल से उठा लिया गया। और वह दिन सो आज का दिन, बेचारी नीचे नहीं उतरी। घर के भीतर न किसी को आने देता है,न जाने देता है। मास्टर रखकर पढ़ाने की बात पहले उठी थी; लेकिन जब सुना कि मास्टर लोग लड़कियों को बहकाकर भगा ले जाते हैं तो वह विचार एकदम छोड़ दिया गया। लक्ष्मी खूब रोयी-पीटी; लेकिन इस राक्षस ने उसे भेजा ही नहीं। सुनते हैं लड़की देखने-दिखाने लायक...'

बात काटकर मिस्तरी बोला, 'अरे देखने-दिखाने लायक क्या, हमने खुद देखा है। जिधर से निकल जाती उधर बिजली-सी कौंध जाती। सौ में एक...।'

उसकी बात का विरोध न करके, अर्थात् स्वीकार करके चौकीदार बोला, 'स्कूल में भी सुनते हैं बड़ी तारीफ़ थी; लेकिन सबकी साले ने रेड़ कर दी। उसे यह विश्वास हो गया कि लड़की सचमुच लक्ष्मी है और जब यह दूसरे की हो जायेगी तो इसका भी एकदम सत्यानाश हो जायेगा। इसी डर से न तो किसी को आने-जाने देता है और न उसकी शादी करता है। उसकी हर बात पर पुलिस के सिपाही की तरह नज़र रखता है। उसकी हर बात मानता है। बुरी तरह उसकी इज़्ज़त करता है; उसकी हर ज़िद पूरी करता है, लेकिन निकलने नहीं देता। लक्ष्मी सोलह की हुई, सत्रह की हुई, अठारह, उन्नीस...साल-पर-साल बीत गये। पहले तो वह सबसे लड़ती थी। बड़ी चिड़चिड़ी और जिद्दी हो गयी थी। कभी-कभी सबको गाली देती और मार भी बैठती थी, फिर तो मालूम नहीं क्या हुआ कि घण्टों रात-रात भर पड़ी ज़ोर-ज़ोर से रोती रहती, फिर धीरे-धीरे उसे दौरा पड़ने लगा...'

'अब क्या उम्र है?' गोविन्द ने बीच में पूछा।

'उसकी ठीक उम्र तो किसी को भी पता नहीं; लेकिन अन्दाज़ से पच्चीस-छब्बीस से कम क्या होगी?' घृणा से होंठ टेढ़े करके चौकीदार ने अपनी बात जारी रखी, 'दौरा न पड़े तो बेचारी जवान लड़की क्या करे? उधर पिछले पाँच-छह साल से तो यह हाल है कि दौरे में घण्टे-दो घण्टे वह बिल्कुल पागल हो जाती है।

उछलती-कूदती है, बुरी-बुरी गालियाँ देती है, बेमतलब रोती-हँसती है, चीज़ें उठा-उठाकर इधर-उधर फेंकती है। जो चीज़ सामने होती है उसे तोड़-फोड़ देती है। जो हाथ में आता है, उससे मार-पीट शुरू कर देती है, और सारे कपड़े उतारकर फेंक देती है। बिल्कुल नंगी हो जाती है और जाँघें पीट-पीटकर बाप से कहती है, 'ले, तूने मुझे अपने लिए रखा है, मुझे खा, मुझे चबा, मुझे भोग...!' यह पिटता है, गालियाँ खाता है; और सब-कुछ करता है, लेकिन पहरे में ज़रा ढील नहीं होने देता। चुपचाप सिर पर हाथ रखकर बैठा-बैठा सुनता रहता है। क्या ज़िन्दगी है बेचारे की! बाप है सो उसे भोग नहीं सकता और छोड़ तो सकता ही नहीं। मेरी तो उम्र नहीं रही, वर्ना कभी मन होता है ले जाऊँ भगाकर, जो होगा सो देखा जायेगा...।' और एक तीखी व्यथा से मुस्कराता चौकीदार देर तक आग को देखता रहा, फिर धीरे से होंठ चबाकर बोला, 'इसकी बोटी-बोटी गर्म लोहे से दागी जाये और फिर टिकटी बाँधकर गोली से उड़ा दिया जाये।'

गोविन्द का भी दिल भारी हो आया था। उसने देखा, बुड्ढे चौकीदार की गीली आँखों में सामने की बरोसी की धुँधली आग की परछाईं झलमला रही है।

आधी रात को अपनी कोठरी में लेटे लक्ष्मी के बारे में सोचते हुए मोमबत्ती की रोशनी में उसकी सारी बातों का एक-एक चित्र गोविन्द की आँखों के आगे साकार हो आया और फिर उसने अन्धकार की प्राचीरों से घिरी, गर्म-गर्म आँसू बहाती मोमबत्ती की धुँधली रोशनी में रेखांकित पंक्तियाँ पढ़ीं :

'मैं तुम्हें प्राणों से अधिक प्यार करती हूँ।'

'मुझे यहाँ से भगा ले चलो...।'

'मैं फाँसी लगाकर मर जाऊँगी...।'

गोविन्द के मन में अपने-आप एक सवाल उठा : 'क्या मैं ही पहला आदमी हूँ जो इस पुकार को सुनकर ऐसा व्याकुल हो उठा हूँ या औरों ने भी इस आवाज़ को सुना है और सुनकर अनसुना कर दिया है? और क्या सचमुच जवान लड़की की आवाज़ को सुनकर अनसुना किया जा सकता है?'

इकाई : II

सूर्यबाला

25 अक्टूबर, 1943 को वाराणसी में जन्मीं और काशी विश्वविद्यालय में पीएच.डी. तक की शिक्षा पूर्ण करने वाली सूर्यबाला समकालीन कथा-लेखन में एक विशिष्ट और अलग अन्दाज़ के साथ उपस्थित हैं। यह अन्दाज़ मर्मज्ञ पाठकों के साथ उनकी आत्मीयता का है। जो दशक-दर-दशक निरन्तर प्रगाढ़ होती गयी है।

'धर्मयुग' में धारावाहिक प्रकाशित होने वाला उनका पहला उपन्यास *मेरे सन्धिपत्र* आज भी पाठकों की चहेती कृति है तथा अब तक का अन्तिम उपन्यास *कौन देस को वासी... वेणु की डायरी* अनवरत पाठकों की सराहना अर्जित कर रहा है। अपने छः उपन्यास, ग्यारह कथा-संग्रह, चार व्यंग्य-संग्रह, तथा *अलविदा अन्ना* जैसी स्मृति-कथा और *झगड़ा निपटारक दफ़्तर* शीर्षक बालहास्य उपन्यास की लेखिका सूर्यबाला, तमाम साहित्यिक उठापटकों, विमर्शी घमासानों और बाज़ार की माँगों से निर्लिप्त रहकर चुपचाप लिखने वाली रचनाकार हैं। वैचारिक गहनता के बीचोबीच सहज संवेदना की पगडण्डी बना ले जाने में सूर्यबाला की कहानियाँ बेजोड़ हैं। जीवन के जटिल और बौद्धिक पक्षों को भी नितान्त खिलन्दड़े अन्दाज़ में बयान करती उनकी कहानियाँ अपनी मार्मिकता पर भी आँच नहीं आने देतीं।

प्रकाशित कृतियाँ : (उपन्यास) *मेरे सन्धिपत्र, सुबह के इन्तज़ार तक, अग्निपंखी, दीक्षान्त, यामिनी कथा* तथा *कौन देस को वासी... वेणु की डायरी*। (कहानियाँ) *एक इन्द्रधनुष जुबेदा के नाम, दिशाहीन, थाली भर चाँद, मुँडेर पर, गृहप्रवेश, साँझवाती, कात्यायनी संवाद, इक्कीस कहानियाँ, पाँच लम्बी कहानियाँ, मानुष-गन्ध, गौरा गुनवन्ती*। (व्यंग्य) *अजगर करे न चाकरी, धृतराष्ट्र टाइम्स, देश सेवा के अखाड़े में, भगवान ने कहा था, पत्नी और पुरस्कार, मेरी प्रिय व्यंग्य रचनाएँ, यह व्यंग्य कौ पन्थ*। (संस्मरण) *अलविदा अन्ना* (स्मृति-कथा),

झगड़ा निपटारक दफ़्तर (बाल हास्य उपन्यास)। (अंग्रेज़ी में अनूदित कथा संग्रह) *द गर्ल विद् अनशेड टियर्स*।

अनेक कहानियों एवं व्यंग्य रचनाओं का रूपान्तर टी.वी. धारावाहिकों के माध्यम से प्रस्तुत। एक वर्ष तक जनसत्ता के साप्ताहिक परिशिष्ट में 'वामा' शीर्षक पाक्षिक स्तम्भ का लेखन। इंडियन क्लासिक श्रृंखला (प्रसार भारती) के अन्तर्गत 2007 में 'सज़ायाफ़्ता' कहानी पर बनी टेलीफ़िल्म को दो पुरस्कार (सर्वश्रेष्ठ टेलीफ़िल्म एवं निर्देशन), जीवन्ती फाउंडेशन (मुम्बई), सूत्रधार (इन्दौर) तथा राइटर्स एसोसिएशन मुम्बई द्वारा लेखिका सूर्यबाला के व्यक्तित्व एवं कृतित्व पर केन्द्रित सम्पूर्ण कार्यक्रम एवं साक्षात्कार।

सम्मान पुरस्कार : महाराष्ट्र साहित्य अकादमी का छत्रपति शिवाजी राष्ट्रीय एकता पुरस्कार, भारती प्रसार-परिषद का भारती-गौरव सम्मान, महाराष्ट्र साहित्य हिन्दी अकादमी का सर्वोच्च जीवन-गौरव पुरस्कार, हरिवंशराय बच्चन साहित्य रत्न पुरस्कार, राष्ट्रीय शरद जोशी प्रतिष्ठा पुरस्कार, रवीन्द्रनाथ त्यागी शीर्ष सम्मान, अभियान संस्था द्वारा स्त्री शक्ति सम्मान एवं महाराष्ट्र दिवस पर राज्यपाल द्वारा राजभवन में सम्मानित, जे.सी. जोशी, शब्द साधक शिखर सम्मान, नयी धारा का उदयराज सिंह स्मृति शीर्ष सम्मान तथा उत्तर प्रदेश संस्थान का सर्वोच्च भारत-भारती पुरस्कार आदि से सम्मानित।

काग़ज़ की नावें चाँदी के बाल

—सूर्यबाला

मैं बहुत छोटी हूँ। वैसा ही वह भी। सिर्फ़ दो दर्जे ऊपर वाली क्लास में। अपनी कोठी की घुमावदार सीढ़ियों पर बैठी मैं रंग-बिरंगे चित्रों वाली किताब से 'सुनहरे बालोंवाली राजकुमारी' की कहानी ज़ोर-ज़ोर से पढ़ रही हूँ वह ठोढ़ी पर हाथ धरे सुन रहा है।

एक थी राजकुमारी। वह बहुत सुन्दर थी। उसके बाल सुनहले थे। जब वह हँसती थी तो केतकी के फूल झरते थे और जब रोती थी ढुर-ढुर मोती। एक दिन राजकुमारी नदी में नहा रही थी। उसका एक सुनहला बाल टूट गया। राजकुमारी ने उस बाल को पत्तों के एक दोने में रखा और नदी की धारा में बहा दिया। धार में बहते-बहते दोना बहुत दूर निकल गया, जहाँ एक राजकुमार शिकार खेलने आया था। थके-माँदे राजकुमार को प्यास लगी तो वह नदी के किनारे आया। राजकुमार अंजली में भरकर पानी पीने ही जा रहा था कि उसे बहते हुए दोने में सुनहला बाल दिखा। राजकुमार ने बाल निकाल लिया और महल लौटकर हठ कर बैठा राजा से कि 'पिताजी! मुझे तो सुनहले बालोंवाली राजकुमारी चाहिए।'

'तूने किसी राजा का राजमहल देखा है?' अचानक वह ठोढ़ी से हाथ हटाकर पूछता है।

'नहीं तो, लेकिन एक बार पिताजी एक जागीरदार साहब की हवेली में ले गये थे, खूब बड़ी हवेली थी उनकी...'

'तुम्हारी कोठी से भी? ख़ूब बड़ी?'

'हाँ... बहोत।'

'और राजा लोगों के महल उससे भी कहीं ज़्यादा बड़े! न!'

'और नहीं तो क्या तुम्हारी पंचकुठरिया जितने...?'

वह ठिलठिलाकर हँस पड़ा। मैं ख़ुद भी। उसकी पंचकुठरिया और राजमहल की आमने-सामने की कल्पना ही इतनी हास्यास्पद थी कि हम दोनों को हँसा-हँसाकर लोटपोट किये दे रही थी। और बाकी आसपास कामकाज में लगे हुए छोटे-बड़े लोग हमें अजीब बेवकूफ़ी-भरी और नागवार नज़रों से घूरे जा रहे थे।

पंचकुठरिया हमारी कोठी के सामने बंजर मैदान में बनी एक अधफूटी-सी इमारत थी; जिसमें एक सीधी क़तार में किसी ने सिर्फ़ पाँच कोठरियाँ और पाँच दालान किराये पर उठा देने की गरज से बनवा दिये थे। इन्हीं में से एक कोठरी में वह अपने माँ-बाप और छोटे भाई-बहनों के साथ रहता था।

हम दोनों एक ही स्कूल में पढ़ते थे। वह दो दर्जा ऊपर मैं दो दर्जा नीचे। मैं ताँगे से स्कूल जाती, वह पैदल। लेकिन तब भी हम घर से एक ही टाइम पर निकलते और एक ही टाइम लौटते थे क्योंकि वह पैदल-पैदल गली, मैदान और छोटी पगडंडियों के सहारे फलाँगता-फलाँगता जल्दी पहुँच जाता; जबकि मेरा ताँगा चौड़ी तारकोली सड़क से 'हटो...बचो' पुकारता खदराता हुआ जाता। वह चप्पलें पहनता मैं बक्सुए वाली सैंडलें। अक्सर जब मैं स्कूल से लौटकर ताँगे से उतर रही होती तो वह भी मैदान के बीचोबीच से रास्ता काटकर हाथ के बस्ते को चरखी की तरह घुमाता, उछलता-कूदता लौट रहा होता। फिर हम दोनों ख़ूब बातें करते कि आज हमें यह पढ़ाया गया और हमें यह। हमें इस कविता की यह ट्यून बतायी गयी, हमें यह। हम अपनी सीखी कविताएँ भी गाकर एक-दूसरे को बताते और उस दिन के सीखे पहाड़े दुहराते। फिर वह अपनी पंचकुठरिया में चला जाता, मैं अपनी कोठी में।

मुझे कोठी के बाहर जाने की इजाज़त नहीं थी, उसे कोठी के अन्दर आने की। यह कभी किसी ने कहा नहीं, बस, एक समझी, स्वीकारी हुई बात थी। उसके आने की कोई मनाही नहीं थी। वह आता...हम दोनों बाहर सायबान या अगल-बगल अपने अहाते में उछल-कूद लेते और साथ-साथ ढेर सारी रंग-बिरंगी कहानियाँ पढ़ लेते। वह कौतुक से पूछता, 'राजा लोगों के महल कितने बड़े होंगे आख़िर?'

या फिर

'राजकुमारियाँ कितनी सुन्दर होती होंगी?'

मैं ईर्ष्या से हुमककर कहती—'हुँह, सोने-चाँदी के बाल होंगे तो सुन्दर दिखेंगी ही...है कि नहीं?'

एकाएक वह खिलखिलाकर हँस पड़ा। मैंने पूछा, 'क्यूँ हँसा?' तो बोला।

'मैं सोच रहा हूँ, अगर तेरे बाल सुनहले हो जायें तो कैसी दिखेगी?'

यकायक अपने लिए इतनी ज़बरदस्त कल्पना मैं नहीं कर पायी। अचकचाकर बोली, 'अरे बुद्धू! मेरे बाल सोने के कहाँ से हो जायेंगे...? मैं कोई राजकुमारी हूँ?'

'अच्छा तो चाँदी के ही सही, रुपहले-रुपहले बाल...'

एकाएक मुझे याद आया, रुपहले बाल तो बूढ़ी बुआजी के हैं...

'अरे, तब तो मैं बूढ़ी हो जाऊँगी। बिल्कुल बूढ़ी-सी...अच्छी क्या खाक दिखूँगी?'

'वाह! क्यूँ नहीं दिखेगी? ख़ूब अच्छी दिखेगी... ख़ूब अच्छी। जैसी अभी दिखती है, उससे भी ज़्यादा अच्छी, चाँदी के तारों जैसे बालों में।'

वह मेरी 'बूढ़ी' की कल्पना के क़रीब फटके बिना वैसा ही मगन हँसता हुआ कहे जा रहा था। बेहद हँसोड़ था वह। नकलें भी बड़ी बढ़िया उतारता। स्कूल के टीचरों के डपटने, चपरासी के हड़काने और प्रार्थना वाले पंडित जी के नकनकाने की हम जब भी इकट्ठे होते, वह एक के बाद एक नक़लें उतारता जाता, मैं खिलखिलाती जाती। फिर आदत ऐसी पड़ गयी कि वह आसपास न भी होता तो भी मैं उसकी किसी नक़लवाली मुद्रा को सोचकर ही खिलखिला पड़ती।

तब आसपास वाले फिर हमें हैरत से देखने लगते...। यह एक बहुत पुराना सिलसिला अभी तक, अधेड़ होने तक चला आता है। जाने-अनजाने प्रसंगों के बीच अचानक उसकी कोई बात याद आ पड़ती है और मैं बरबस मुस्करा पड़ती हूँ। ध्यान तब आता है जब मेरे पति या बच्चे मुझे टोककर होश में आने के लिए कहते हैं। और क्षण भर के लिए मैं एक अनाम अपराधबोध से ग्रस्त हो जाती हूँ। लेकिन चूँकि ऐसा बहुत कम ही होता है जबकि मैं पति बच्चों से घिरी रहती होऊँ, इसलिए मौक़ा पाते ही 'वह' खिड़की से अन्दर फलाँग लेता है, और हमारी बेबात की हँसी-ठिठोली शुरू हो जाती है। कभी-कभी गम्भीर वार्तालाप भी...

जैसे एक-दूसरे के डिब्बे का टिफिन खाते हुए।

मैं कहती हूँ, 'तुम्हारे डिब्बे की रोटियाँ ख़ूब नरम होती हैं न!'

'हाँ, मेरी माँ उनमें घर का ताज़ा मक्खन चुपड़ती है। बहुत थोड़ी-सी शक्कर भी... तुम भी अपनी माँ से मक्खन चुपड़ने को कह दो...'

मैं कहती हूँ—'मेरी माँ नहीं है...'

और उसका चेहरा हैरत से उतरता चला जाता है, 'तो तुम्हें टिफिन कौन देता है?'

'मिसरानी...'

'तुम्हारी चोटियाँ कौन गूँथता है?'

'बड़ी बुआजी...'

'और बीमार पड़ने पर दवा कौन देता है?'

'कोई नहीं...'

यह उसके लिए बेहद अजूबी बात थी। वह थोड़ी देर गुमसुम सुनता रहा, जैसे कहीं फटाफट नोट करता जा रहा हो... फिर जैसे एकदम पूछ बैठा :

'तुम्हें रात में कभी डर नहीं लगता?'

प्रश्न इतना छोटा नहीं था। इससे लम्बा था और इससे बहुत गहरा भी... कि तब तुम क्या करती हो?

'ऐसे ही बड़ी बुआजी को बुलाने लगती हूँ...'

'पर उन्हें तो कम सुनायी पड़ता है न...

'तो चमेली...'—'लेकिन वह भी थकी होती है। उनींदी आवाज़ में कहती है... अरे कहाँ... कुछ भी तो नहीं बिटिया... या फिर हनुमान चालीसा पढ़ने को कहकर करवट बदल ख़ुद सो जाती है।'

फिर मैं उससे पूछती हूँ—'तुम्हारी माँ हैं?... कैसी हैं?'

वह उसी तरह खिलखिलाकर हँस पड़ा—'मेरी माँ? तुम देखोगी तो ख़ूब हँसोगी... वह तुम्हारी बुआजी की तरह सफ़ेद झक साड़ी थोड़ी न, एकदम लुगड़ी-फुगड़ी-सी साड़ी पहनती है और सिन्दूर का टीका लगाये, चूल्हे में गोल-गोल रोटियाँ फुलाती रहती है। क्रीम-पाउडर नहीं है उसके पास; लेकिन वह सिर्फ़ आधा सेर दूध में ही छाछ, दही, मक्खन सब कर लेती है और फिर उन्हीं उँगलियों से हाथ-मुँह सब चिकना कर नहा लेती है और पैरों में ढेर सारा महावर लगा लेती है।'

'तुम मुझे अपनी माँ को दिखाओगे?'

'हाँ-हाँ, चलना; लेकिन कैसे?'

ऐसे ही एक दिन मैं दोपहरी को चुपके से खिड़की फलाँग गयी थी और बेतहाशा उसका हाथ पकड़े हाँफते-हाँफते पंचकुठरिया पहुँच गयी थी।

उसकी माँ और बहनें मुझे देखकर चकित-चमत्कृत थीं... जैसे वह कोई वर्जित, लेकिन साहसिक काम कर गुज़रा हो, कुछ बेहद दुर्लभ-सी चीज उठा लाया हो...

'यह... यह राजी है... कोठी वालों की लड़की... राजरानी...'

उसकी माँ मुझे किसी बड़ी प्यारी, कोमल और कीमती वस्त्र की तरह मुग्ध दृष्टि से देखे जा रही थी।

'तुम्हारी मक्खन और शक्कर चुपड़ी रोटी रोज़ यही खाती है... इसे अपनी मिसरानी के तेल बोथे पराँठे, सब्ज़ी और अचार बिल्कुल नहीं भाते। मोहनथाल और इमरतियाँ भी नहीं।' वह प्रशंसा के भाव से बिल्कुल नहीं, सिर्फ़ हक़ीक़त के तौर पर बयान करता जा रहा था।

उसका छोटा भाई मेरी रेशमी फ्रॉक पर आराम से हाथ फेरता जा रहा था और उसकी बहनें मेरी बक्सुए वाली सैंडलें आँखें बचा-बचाकर देखे जा रही थीं... मैं उन सबकी उस दिन की उपलब्धि थी।

अचानक वह कह बैठा, 'इसके 'माँ ही नहीं है!' दु:ख, सहानुभूति नहीं यहाँ भी। मात्र हक़ीक़त बयानी।' और तड़ाक... जैसे हर किसी के चमत्कृत से दिखते चेहरों पर सनसनाकर कुछ बैठ गया हो। सबके चेहरे अवाक्... तब वह जैसे सबको जगाता सा बोला :

'लेकिन इसके घर मिसरानी, चमेली, दरबान और बड़ी बुआ जी हैं। भोंपूवाला ग्रामोफोन और बघर्रे की खालें भी... इसके दरबान के पास भी कोट है और पिता के पास विलायती हैट!...' जैसे किसी दूसरे लोक की अजीबोग़रीब बातें बता-सुना रहा हो।

ख़ुद मैंने ही क्या कुछ कम अजूबी बातें देखीं उसके यहाँ! मेरी फ्रॉक और बक्सुएदार सैंडलों का सम्मोहन तो बहुत थोड़ी ही देर रहा। उसके बाद तो उसकी एक बहन मेरे दोनों हाथ पकड़ तेज-तेज चकरी घूमने लगी और दूसरी घर के सामने इकड़ी-दुकड़ी खींचने लगी। छोटा भाई और बहन सड़क से गुज़रते रंग-बिरंगे गुब्बारों और पिपहरी के लिए माँ के कन्धों पर झूलकर ठुनकने लगे। भाई तो इतना जिदियाया कि उसकी पीठ पर एक भरपूर धौल भी पड़ा, धप्प से। इससे बाकी सारे खिलखिलाकर हँसने लगे और भाई पैर फैलाकर चीखने लगा। तब तक बन्दर के नाचवाला आ गया और सब बच्चों के साथ भाई भी रोना भूलकर नाच देखने के लिए भागा। लेकिन चूँकि उसका छुटका भाई बड़े बच्चों के बराबर तेज भाग नहीं सकता था, इसलिए बड़ी बहन ने उसे अपनी गोद में लाद-सा लिया।

नाच देखकर लौटे तो उसकी माँ ने पीतल की एक तश्तरी में तुरत-फुरत चूल्हे पर सिंकी और ज़रा-सी मक्खन चुपड़ी ख़ूब नरम-सी रोटी मुझे खाने को दी।

फिर बड़े प्यार से पूछा, 'तुम्हें अच्छी लगती है न?'

मैंने खाते-खाते 'हाँ' में गरदन हिलाई।

'मैंने अभी ही ज़रा-सा मक्खन निकाल लिया... ये सब तो रोज़ ही खाते हैं।'

वह हँसा—'इसका मतलब हम सब कल रूखी रोटी और नमक खायेंगे न!'

'तो क्या?'

उसका छोटा भाई बड़े भोलेपन से बोला—'जो यह रोज़ आयेगी तो हम रोज़ रूखी रोटी खायेंगे?'

सबके सब ज़ोर से हँस पड़े।

माँ बोली—'रोज़ इसे आने ही कौन देगा? अब इसे जल्दी से पहुँचाओ। नहीं तो डाँट पड़ेगी।'

उसकी माँ ने ठीक कहा था।

लौटने पर पिता की कड़कदार आवाज़ गूँजी और उसी के साथ एक भरपूर चाँटा। बुआजी जल्दी से खींचकर ले गयीं और मेरे गालों पर उभरी ललछौंही क़तारों पर मरहम मलने लगीं। मरहम मलते-मलते बुआजी समझाये जा रही थीं—'अपनी खानदानी इज़्ज़त और साख समझा कर बेटी। तेरे पिताजी की इससे तौहीन होती है न!... तुझे क्या पता, वे कोरट में कितने मुकदमे की पेशियाँ, कितना पैसा पानी की तरह बहाने के बाद तुझे तेरी माँ से जीत कर लाये हैं।'

उस दिन मैंने एक ख़बर की तरह जाना कि मेरी भी माँ है।... उतनी छोटी मुझे, खानदान, कोठी, दबदबा जैसे शब्द साफ-साफ समझ में नहीं आ रहे थे, लेकिन 'तौहीनी' का मतलब समझते वक़्त अचानक मेरी आँखों में गरम रोटी पर धरी एक छोटी-सी मक्खन की डली पिघलने लगी, बस। बड़े होने पर जाना कि चूँकि मेरे पिता मुझे खानदानी इज़्ज़त के रूप में, अपने दबदबे के बल पर कोर्ट से जीतकर लाये थे, इसलिए कहीं-न-कहीं यह ज़रूर चाहते थे कि मैं उनकी बेटी की तरह रहूँ... अपनी माँ की बेटी की तरह नहीं। मेरी माँ और मेरे पिता की यह कहानी मेरी ज़िन्दगी के हर छोटे बड़े मोड़ पर मुझसे उलझती, ठोकरें लगाती रही। सारे मान-सम्मान और समाज में बाइज़्ज़त हाथों-हाथ ली जीती हुई मैं अलग हो गयी माँ और अलग हो गये पिता की बेटी के दयनीय सच के साथ हमेशा जोड़ी गयी। ससुराल में भी। बेटी-बेटों के सामने भी... सिर्फ़ चर्चा भर ही। मेरी बुराई, आलोचना कुछ नहीं।

उस दिन के बाद फिर कभी नहीं गयी उसके घर। हफ़्ते-दस दिन बुख़ार में पड़ी रही। अच्छी होने पर भी नौकरों को मेरी हर सुख-सुविधा के लिए मिले निर्देशों की कड़ी निगरानी में... कोठी में ही आँगन, दालान, बारजों, बरसातियों में टहलती-भटकती रही।

अचानक एक दिन देखा... एक ठेले पर कुछ खाट-खटोली, गद्दे-गद्दियों और चूल्हे-चौके के मर्तबानों सहित, सारा सामान लदा चला जा रहा है, वे सब भी उसी ठेले के पीछे-पीछे जा रहे हैं उसी शहर में कहीं और रहने।

मैं अब भी उसी शहर में हूँ। पिता मुक़दमे में जीती हुई अपनी बेटी को इस कोठी सहित सारी ज़मीन-जायदाद दे गये हैं। मेरे पति-बच्चे सब कुछ सँभाल रहे हैं।

लेकिन मैं एक असम्भव-सी प्रतीक्षा कर रही हूँ। अक्सर अन्दर एक हलकोर-सी उठती है... जब लगता है कि वे सब-के-सब भी इसी शहर में कहीं होंगे।

वह सब कुछ उस उम्र के साथ ही क्यों नहीं ख़त्म हो गया? क्यों एक कचोट-सी अभी तक बाकी है... और किस बात की? क्यों वह उम्र की सारी सीढ़ियाँ फलाँगता इन उतरती सीढ़ियों पर भी मुझसे पहले ही बैठा ठिलठिलाकर हँसता नज़र आता है?...

जब भी उदास होती हूँ... वैसा ही खिलखिलाता, मैदान पार की पगडंडियों से दौड़ता वह मेरी खिड़की के रास्ते उचककर अन्दर फलाँग जाता है। मेरी साड़ी तब चुन्नटदार फ्रॉकों में बदल जाती है... और पाँवों में बक्सुए वाली सैंडलें...

'राजी! आओ चलें...'

'कहाँ?'

'जंगली बेरों की भीटों पर... या फिर तुम्हारी कोठी के ही पिछवाड़े, झाड़-झंखाड़ों के बीच लाल घुँघरुओं वाली घुँघचियाँ तोड़ने... पीपल की पत्तियों को पान बनाकर बीड़े लगाने और सूखी चिलबिलों से पतली चिरौंजियाँ निकालने।'

अरे, इसे कैसे मालूम कि सचमुच मेरा मन कोठी की पुरानी दीवारों की दरारों में उग आये पीपल के पत्तों के पान बनाने को करता है। लाल घुँघचियाँ और सूखी चिलबिल बीनने का भी...

'लेकिन मेरे पति, बच्चे, उनका नाश्ता खाना...'

'उन सबसे कोई रोकता थोड़ी है तुम्हें... सब सलटाकर या उन्हीं के बीचोबीच...'

'सचमुच?'

जैसे अभी अचानक शीशे के सामने खड़े होकर माथे के दाहिने किनारे से उठती सफ़ेद बालों की एकमुश्त क़तार दिखी है। मन अनजाने अवसाद में डूबा है कि पीछे से वह ठिलठिलाकर हँस पड़ा है—'मैं कहता था न कि तू खूब अच्छी दिखेगी, ख़ूब अच्छी। चाँदी के तारों जैसे बालों में।'

बस, मैं पूर्ण विश्वस्त, परम निश्चिन्तता से मुड़ गयी हूँ। जैसे माथे पर चाँदी का 'ताज' पहना हो।

बाहर धाराधार बारिश हो रही है और दूर मैदान के बीचोबीच चिलबिल का पेड़ भीग रहा है।

मैं अचानक मुड़ी हूँ और चमकीले काग़ज़ों वाली पुरानी पत्रिकाओं से चिकने, मोटे काग़ज़ निकालकर ढेर सारी रंग-बिरंगी नावें बनाने लगी हूँ।

मेरा समझदार, बड़ा हो गया बेटा हैरत से टोकता है—मम्मी, यह... यह क्या?

'नावें...' मैं ख़ुशी से किलकती हुई कहती हूँ—'चलो, इन्हें सड़क के किनारे तेज़ी से बहते पानी में बहाते हैं... थोड़ी नावें तू भी पकड़ तो...'

हतबुद्धि-सा वह पहले अचकचाता है, फिर बाकी बची नावें उठा लेता है। नावें हथेलियों में दुबकी चिड़िया-सी दीखती हैं।

और बरसाती बूँदों में, मेरा हठ रखने को ही, मेरे पीछे-पीछे होकर, ढाल पर इकट्ठा हो तेज़ी से बहते पानी की धारा में एक के बाद एक नावें बहा देता है।

मैं माथे का पानी निचोड़ती मुग्ध, उत्फुल्ल देखती हूँ... नावें चली जा रही हैं, नाचती, थिरकती, अटकती, फिर बहती तेज-तेज ढलान की धार में...

और अचानक एक सपना-सा देखती हूँ मैं।...बरसाती बरसात का यह हलकोरता पानी ढलानों से बहता हुआ एक कोठरी के दरवाज़े से जा लगा है। वहाँ एक छोटा-सा बच्चा चहककर एक नाव उठा लेता है और कुतूहल से देखता है... उसमें रखा एक रुपहला चाँदी के रेशे-सा बाल...

संजीव

प्रख्यात कथाकार संजीव का जन्म 6 जुलाई 1947 को बांगर कलां, सुल्तानपुर (उ.प्र.) में हुआ। इन्होंने बी.एससी., ए.आई.सी. (भारत) तक शिक्षा प्राप्त की है।

38 वर्षों तक एक रासायनिक प्रयोगशाला, 7 वर्षों तक 'हंस' समेत कई पत्रिकाओं के सम्पादन और स्तम्भ-लेखन से जुड़े संजीव का अनुभव संसार विविधता से भरा हुआ है, साक्षी हैं उनकी प्राय: 150 कहानियाँ और 12 उपन्यास। इसी विविधता और गुणवत्ता ने उन्हें पाठकों का चहेता बनाया है। इनकी कुछ कृतियों पर फ़िल्में बनी हैं, कई कहानियाँ और उपन्यास विश्वविद्यालयों के पाठ्यक्रमों में हैं। अपने समकालीनों में सर्वाधिक शोध भी उन्हीं की कृतियों पर हुए हैं। *कथाक्रम, पहल*, 'अन्तरराष्ट्रीय इन्दु शर्मा', 'सुधा-सम्मान' समेत अनेक पुरस्कारों से सम्मानित...। नवीनतम है हिन्दी साहित्य के सर्वोच्च सम्मानों में से एक इफको का श्रीलाल शुक्ल स्मृति साहित्य सम्मान-2013।

अगर कथाकार संजीव की भावभूमि की बात की जाये तो यह उनके अपने शब्दों में ज़्यादा तर्कसंगत, सशक्त और प्रभावी होगा "मेरी रचनाएँ मेरे लिए साधन हैं, साध्य नहीं। साध्य है मानव मुक्ति।"

प्रकाशित कृतियाँ : *तीस साल का सफ़रनामा, आप यहाँ हैं*, (भूमिका और अन्य कहानियाँ), *दुनिया की सबसे हसीन औरत, प्रेत मुक्ति, ब्लैक होल, खोज, गति का पहला सिद्धान्त, गुफा का आदमी, आरोहण, दस कहानियाँ, गली के मोड़ पर सूना-सा एक दरवाजा* (कथा संग्रह), *किशनगढ़ के अहेरी, सर्कस, सावधान नीचे आग है, धारा, पाँव तले की दूब, जंगल जहाँ शुरू होता है, सूत्रधार, आकाश चंपा* (उपन्यास), *रानी की सराय* (किशोर उपन्यास)। इसके अतिरिक्त विपुल मात्रा में विविध असंकलित लेखन।

नेता

—संजीव

"हलो!—बोल रहे हैं।... ओ मिश्राजी परनाम! परनाम!! आँऽऽ चौथा दिन है स्ट्राइक का? चौथा दिन!... अच्छा! ओऽऽ!... अफ़सरों की तरह निश्चित अवधि में प्रोमोशन!... दूसरी डिमांड?...इंसेंटिव? ओफार्नेस की गर्मी का! मरो ससुरो...न न आपको नहीं!...ऐं स्वत:स्फूर्त! देखिए इतने दिन तक हमने भी वहाँ ट्रेड यूनियन किया है, घास नहीं छीली। पता कीजिए कि कौन है इस स्वत:स्फूर्त के पीछे अच्छा-अच्छा माने कि फार्नेस पर उस दिन जो मज़दूर मरा, उसके समर्थन में वहाँ के मज़दूरों ने हड़ताल कर दी... ऐसे पहले भी मरते आये थे...खैर वही हुआ यानी मज़दूरों ने हड़ताल कर दी और बाद में बाईसों यूनियनें अपनी-अपनी रोटी सेंकने वहाँ आ पहुँचीं।... अरे भैया, तो आप क्या प्याज छील रहे थे? आपको एलेक्सन फाइट नहीं करनी...? आप क्या समझते हैं पी.एम. और सी.एम. की मीटिंग करवा देंगे और बस किला फतह!... कौन दिग्विजय बाबू?... अरे दिग्विजइया...! वो हमारी धोती खोलेगा?... ठीक है हम कल तीन बजे वहाँ आ रहे हैं। देखें कौन किसकी खोलता है... अरे एलेक्सन स्टंट की माँ की... अजी पब्लिक ओपीनियन तो चुटकी बजाते बदलती है। देखा नहीं, पिछली बार ...! आंय एलेक्सन के पहले स्ट्राइक! ना-ना-ना! हम पी.एम. को क्या जवाब देंगे?... आप लोग अपने से तो कुछ करेंगे नहीं, करेंगे तो उलटा-पलटा? हमी कब तक सुथने की डोरी बाँधते रहेंगे आपकी?... हाँ दीजिए, हलो सिंह जी ... गुडमॉर्निंग! यह रात है और आपकी मॉर्निंग चल रही है, अमेरिकन स्टाइल! हा हा हा! इस बार कहीं और सैर-सपाटे करने का मन है तो बोलिए... हाँ-हाँ स्टीलमिनिस्टर क्या बला है, पी.एम. तक को समझा लेंगे,

बस जरा लाइन मिलने में... हाँ तो नोट कीजिए डाइरेक्टर साहब, तीन काम करने हैं, पहला प्रचार बन्द कीजिए कि हड़ताल से उत्पादन पर कोई असर पहुँचा है... ओह जैसा मैं कहता हूँ वैसा कीजिए। याद है, दो-दो सीनियर्स को सरपास करके डाइरेक्टर बने हैं आप...दूसरा यह कि कारखाने में किसी भी अवांछित आदमी को घुसने मत दीजिए...तीसरा, यह सिद्ध न होने दीजिए कि हड़ताल स्वत:स्फूर्त थी।... हाँ, कहिए कि कुछ राष्ट्र विरोधी ताकतों को गुमराह किये जाने के फलस्वरूप मुट्ठी भर मज़दूरों ने उत्पादन बन्द कर देने की कोशिश की है जो गैर-क़ानूनी और राष्ट्र विरोधी है... लेंग्वेज आप ठीक कर लीजिए। मगर ये दो शब्द 'गैर-क़ानूनी' और 'राष्ट्रविरोधी' ज़रूर शामिल हों...मिश्राजी और पर्सनल आपकी पूरी मदद करेगा डी.आई.जी. साहब! नमस्कार-नमस्कार!... अरे आपने सुना कल एक लौंडा हमारी धोती खोल रहा है... बस-बस साला भीगी बिल्ली बन जाये... नो-नो, लाठी चार्ज! बस नेताओं को चुन-चुनकर कुत्तेगाड़ी में बन्द करवा दें एलेक्सन तक! मज़दूर तो भेड़ हैं चरवाहों को नकेल डालिए!...हो जायेगा भई, हो जायेगा, इसी मौक़े पर सबकुछ...ठीक है, नमस्कार!"

दिग्विजय बाबू ने अपने कानों यह सब सुना और सौ रुपये की नोट ऑपरेटर को थमाकर एक गहरी हुंकारी ली। हाथ फिर जेब में गया, सौ रुपये एडवांस भी रख लो कोई ख़बर हो तो बताना। अब वे सुदर्शन जी और अपने दूसरे सहयोगियों को लेकर जीप में जा बैठे। जीप बाज़ार के पास रुकी। लोडशेडिंग का फ़ायदा उठाते हुए अँधेरे में ही उस दल ने अलग-अलग दुकानों पर हो रही बातचीत का जायज़ा लिया।

'साँची हो...?'

'तो क्या हमको पागल कुकुर ने काट खाया है?' 'हमार किरिया?'

'तोर किरिया ...।'

'कि कल दिग्विजयी बाबू मुख मन्तरी का...?' 'धोती खोलेगा।' वाक्य पूरा किया बताने वाले ने।

पूछने वाले ने इस बार छोटे बच्चे की तरह मुँह में उँगली डाल ली और बिल्ली की तरह आँखें उलटी करके उस दृश्य की कल्पना करने लगा। सहसा पानी के सोते-सी उसकी हँसी इतने जोरों से बलबलाई कि चुक्कड़ की चाय उसके कपड़े पर गिर पड़ी। दिग्विजय बाबू ने यह सब अपनी आँखों से देखा, अपने कानों से सुना। अपने कानों सुनने और आँखों से देखने के बाद चाय की दुकान पर बैठकर अपनी आँख, कान और इन्द्रियों की डोर को खींचकर भौंहों के बीच त्रिकुटी पर ले गये।

एक लड़ाई इस भ्रष्ट सरकार, उसके चमचे प्रबन्धक और उसकी पोसी मिश्रा की यूनियन से है, दूसरी लड़ाई बाकी बीस यूनियनों से। उन्होंने अनुमान लगाया, उनके पास लगभग तीन सौ हथियार बन्द लोग हैं, लेकिन सरकारी पुलिस या अर्द्धसैनिक बलों के सामने वे क्या हैं ...? सत्ता में रहने का यही तो मज़ा है। दोनों हाथ से लूटो और सारी पलटन आपकी—पुलिस, मैनेजमेंट, ट्राइब्यूनल, कोर्ट, रेडियो, टी.वी. ...। ऐसे में यूनियन का एक मात्र सहारा बचता है मज़दूर। लेकिन वह भी तो बाईस यूनियनों में बँटा हुआ है। सब साले गुण्डे हैं और बदनाम करते हैं मुझे कि मैं माफिया हूँ। लाठी-गोली की राजनीति करता हूँ, ज़हर का घूँट पीकर उनके साथ संयुक्त मोर्चा बनाना पड़ता है। ये मज़दूर साले भी पहले दर्जे के बुद्धू हैं। अब हमने मुहावरे में कहा कि मुख्यमन्त्री की धोती खोलेंगे, इनके लिए वो सच का संकल्प बनकर तमाशे की चीज़ हो गयी। इधर वो साला सी.एम. कहता है, कोई चूँ-चपड़ करे तो कुत्ता-गाड़ी में बन्द कर दो। जेल में बन्द होने का मतलब है—उनके लिए मैदान खुला छोड़ देना। यह तो हुआ एक आयाम, दूसरा आयाम तो और भी ख़तरनाक है। इस बार की हड़ताल स्वतःस्फूर्त है। मज़दूरों का विश्वास सरकारी यूनियनों के साथ-साथ उनकी यूनियन से भी उठ गया है। इस यूनियन-विहीन आन्दोलन में सब के साथ-साथ उनका पत्ता भी गोल। ट्रेड यूनियन आन्दोलन में यह ख़तरनाक प्रवृत्ति उनके पूरे अस्तित्व पर ही प्रश्न चिह्न लगा देती है। उन्हें ऐसे ख़तरनाक मज़दूरों से डर लगा। इससे तो अच्छा यही है कि वे गँवार हीं रहते। उन्होंने हिसाब लगाकर देखा, अभी भी ऐसे ही मज़दूरों की तादाद ज़्यादा है और उन्हें सेंटीमेंट से जीता जा सकता है। यह शॉर्टकट हाथ लगते ही उनकी तीसरी आँख भक-से खुल गयी और उनके पाँव दुर्घटना में मृत मज़दूर के क्वार्टर की ओर बढ़ गये। समर्थक पीछे-पीछे लग गये।

चूँकि उस छोटे क्वार्टर में इतने दयार्द्र लोगों के लिए जगह न थी, सो अकेले गये दिग्विजय बाबू ही अन्दर जा सके। सफ़ेद साड़ी में मज़दूर की पत्नी उन्हें देखते ही ढाँड़ें मार कर रो पड़ी। सान्त्वना में बहुत कुछ कहा दिग्विजय बाबू ने, मूरतों की तरह सुनती रहीं माँ-बेटी।

'आपका कोई जवान लड़का नहीं है?'

'नाहीं साहेब, इहै बिटिया है, कवलेज में पढ़त रही।'

दिग्विजय बाबू ने इस बार अच्छी तरह देखा उस जवान लड़की को। भरा-भरा बदन, गन्दुमी रंग और एक किस्म की अनगढ़ता-भरा सलोनापन, जो मज़दूर-परिवार की लड़कियों में होता है। अगर यह आ जाये उनके पक्ष में तो हारी हुई बाज़ी भी जीत सकते हैं।

नख-शिख निहारकर चेहरे पर संजीदगी ओढ़ ली उन्होंने—'क्या नाम है बेटी! किस इयर में थीं?'

लड़की मूरत बनी रही तो उन्होंने स्वतः एक-एक क़दम फूँक-फूँककर आगे बढ़ाया, 'तुम्हें नौकरी दिलाने का ज़िम्मा मेरा रहा। मेरे रहते तुम्हारे परिवार को किसी किस्म की चिन्ता करने की ज़रूरत नहीं। पी.एफ., ग्रेचुइटी और डेथ बेनिफिट के साथ इंश्योरेंस वग़ैरह के दिलाने का सिरदर्द भी हमारा। तुम एक काम कर सकती हो चाहो तो, तुम्हारी भलाई के लिए ही कह रहा हूँ। नौकरी में भी एक्सपीरियन्स की ज़रूरत होगी। तुम मेरी पी.ए. का काम तब तक देखो, चाहो तो कल से ही...हाँ, नाम और क्वालीफिकेशन तो बताया ही नहीं तुमने?...

लड़की इस बार भी चुप रही तो माँ ने झिड़का, 'बोलती काहे नहीं ममतिया! मुँह में दही जमाया हुआ है का?' इस बार ममता ने सर उठाया, सूजी रतनार आँखें निर्वेद भाव से ताक रही थीं। आवाज़ सधी हुई, 'आपकी दरियादिली के लिए धन्यवाद! मगर आप ऐसे ऑफर देने वाले पहले आदमी नहीं हैं। मेरा बाप फार्नेस की आग में झुलसकर मर गया। अब मुझे सहानुभूति की आँच में न झुलसाइए प्लीज़!'

खुले दरवाज़े से निकलकर अपने समर्थकों की भीड़ में पहुँचे तो उनकी मुद्रा देखकर बिना बताये ही सबने अनुमान लगा लिया कि वार ख़ाली गया।

बहुत कुछ सोच रहे थे दिग्विजय बाबू। अगर एलेक्शन का नाजुक दौर न होता तो इस लड़की की सारी हेकड़ी निकालकर रख देते। क्वार्टर से उठवा. लेते, सड़क की कौन कहे ... लेकिन...। ख़ैर इससे तो बाद में निबट लेंगे, देखें कैसे करती है यहाँ नौकरी, अब बचे-खुचे मसलों पर ध्यान केन्द्रित करना ज़रूरी है। कल मुख्यमन्त्री आ रहे हैं, धोती खोलने का सवाल है। कल भी यदि छवि नहीं बना पाये तो एलेक्शन का बंटाढार ही हुआ समझो।

घर पर पत्नी के दिमाग़ में सैकड़ों अफ़वाहों की जिज्ञासाएँ थीं, लेकिन वह पूछे किससे? दिग्विजय बाबू तो आते ही पूजागृह में बैठ गये। नीलम और पुखराज की अँगूठियों को धूप दिखाते-दिखाते वहीं सिर गड़ाकर धरना देकर बैठ गये हैं।

सुबह एक बार फिर पूजा कर बाहर निकले। जीप रास्ते में मिल गयी। मुख्यमन्त्री के हेलीकाप्टर के उतरने और सभा-स्थल की जगह पर कड़ी सुरक्षा-व्यवस्था थी। मुख्यमन्त्री आये भी, सभा-स्थल पर चले भी गये, लेकिन दिग्विजय बाबू उन बेमुरौवत सुरक्षाकर्मियों को डाँट-डपटकर यहाँ तक कि गिड़गिड़ाकर भी व्यूह-भेदन न कर सके। सारे मज़दूरों के सामने भद्द हो रही थी। उन्हें सबसे ज़्यादा

ग़ुस्सा मज़दूरों की भीड़ पर आया जो तमाशा देखने के लिए उनके इर्द-गिर्द मक्खियों की तरह भिनभिना रहे थे। सब तरह से हारकर अपने समर्थकों पर ही बरस पड़े—'आप लोग तमाशा देखने आये हैं, नारे नहीं लगा सकते।'

मुख्यमन्त्री!

हाय! हाय!!

मज़दूरों के हत्यारे!

वापस जाओ।

हमारा नेता

दिग्विजय बाबू!

दिग्विजय बाबू!

ज़िन्दाबाद!!

पुलिस के जवानों ने जल्द ही वहाँ से उन्हें खदेड़ दिया तो सभा-स्थल से सुरक्षित दूरी पर यह कोरस चलता रहा। तकरीबन आधे घण्टे बाद मुख्यमन्त्री का काफ़िला उधर से गुज़रा तो मुख्यमन्त्री ने गाड़ी रुकवाकर उन्हें भी बैठा लिया और गाड़ी धूल उड़ाती आगे बढ़ गयी। दिग्विजय बाबू का मुरझाया चेहरा खिल उठा। आख़िर नीलम-पुखराज की शक्ति भी कोई चीज़ है। अगले दिन कालोनी-कालोनी में प्रचार करते हुए दिग्विजय बाबू की यूनियन की जीप जब गेट के सामने आकर रुकी तो इस माइक की आवाज़ भगन्दर, 'फोता', बवासीर के शर्तिया इलाज का प्रचार करने वालों की आवाज़ों में गड्डमड्ड हो गयी। बड़े भाई के आते ही जैसे छोटे भाइयों ने चुप्पी लगा ली। दिग्विजय बाबू की यूनियन की तरफ़ से ऐलान हो रहा था—'कारख़ाने के बहादुर मज़दूर भाइयो, कल आपकी एकता के सामने मैनेजमेंट को झुकना पड़ा, आपकी बात सुनने के लिए स्वयं मुख्यमन्त्री को आना पड़ा और उन्हें आपके जुझारू संग्रामी श्रमिक नेता दिग्विजय बाबू से समझौता करना पड़ा। मुख्यमन्त्री ने आश्वासन दिया है कि आपके इंसेंटिव पर विचार के लिए जल्दी ही वे लेबर कमिश्नर को भेज रहे हैं। प्रोमोशन की शर्तों के लिए वे जल्दी ही प्रधानमन्त्री और इस्पातमन्त्री से बात करेंगे। इस सूरत में आपको बधाई देते हुए हमारी यूनियन की तरफ़ से ऐलान किया जाता है कि आप लोग अपने काम पर लौट जायें।'

यह ऐलान अभी चल ही रहा था कि दस बजे इस रणक्षेत्र में एक दूसरे रथ ने प्रवेश किया। यह एक रिक्शा था जो अशोक के पेड़ के नीचे खड़ा होकर ऐलान कर रहा था, 'कारख़ाने के मज़दूर साथियो, मैनेजमेंट ने आपके हड़ताली साथियों

को चार्जशीट, सस्पेंशन और डिस्चार्ज के काग़ज़ थमा दिये हैं। आपके शुभचिन्तकों का चरित्र बेनकाब हो गया है। आपसे अपील है कि हालात को देखते हुए आप अपनी हड़ताल जारी रखें।'

दूसरे माइक के इस रहस्योद्घाटन से पहले माइक का फ्यूज उड़ गया, 'ऐ ज़रा दिग्विजय बाबू को ख़बर तो करो।'

ख़बर उन्हें पहले ही मिल चुकी थी। उन्होंने डायरेक्टर आदि से फ़ोन पर सम्पर्क भी साधने की कोशिश की थी। उनका वश चलता तो सरेआम इन विश्वासघातकों को जूते से पिटवाते, लेकिन 'हलो, हलो...' हाँफते हुए रणक्षेत्र में आये। आते ही उन्होंने माइक पकड़ लिया, जैसे तलवार टूट जाने पर ढाल में से ही वार करने लगे हों—'मेरे बहादुर मज़दूर भाइयो, मैंने कहा था न, मुख्यमन्त्री की धोती खोलकर रहूँगा। आज देखिए, हमने खोल दी धोती, नंगा कर दिया है उस घिनौने चेहरे को, वह चेहरा जो एक तरफ़ तो आपके लिए घड़ियाली आँसू बहाता है, और दूसरी ओर आप द्रवित होकर सहयोग के लिए हाथ बढ़ाते हैं तो चार्जशीट, सस्पेंसन और डिस्मिसल थमा देता है...।'

दूसरे माइक ने वहीं से सवाल किया, 'हड़ताल उठा लेने की बात किसने की थी?'

पहले माइक ने जवाब दिया, 'हमने की थी। मज़दूर भाइयों के हित में की थी। अब मुँह से ऐलान करते कि अब मैनेजमेंट सहयोग नहीं चाहता, तो हम संघर्ष करेंगे। हड़ताल जारी रहेगी? मगर भाइयो आप दूसरों के बहकावे में न आयें।'

दूसरे माइक ने फिर तीर छोड़ा, 'सच्ची बात है साथियो, इस एलेक्शन के बहकावे में आप न जायें।' युद्धक्षेत्र में शेष बीसों यूनियन के रथ एक-एक कर आ रहे थे—'भाइयो, साथियो, मज़दूरो, दोस्तो...' बीसों यूनियन की आवाज़ें आपस में ही टकराकर टूट रही थीं। बीस के अलावा दो आवाज़ें और थीं एक-दूसरे से भिन्न जैसे दो ध्रुवों से आ रही थीं, पहला ऐलान मान्यता प्राप्त यूनियन का—

'कि यह हड़ताल राष्ट्रविरोधी और ग़ैरक़ानूनी है। अभी-अभी आपकी यूनियन; लेबर कमिश्नर और मैनेजमेंट के बीच जो समझौता हुआ है, उसके तहत मज़दूर भाई काम पर लौट आवें अन्यथा अनुशासनात्मक कार्यवाही का बहाना बनाकर मैनेजमेंट को दमनात्मक कार्यवाही करने का बहाना मिल जायेगा।'

दूसरे ध्रुवान्त पर रिक्शेवाला दूसरा माइक था, जो यह कह रहा था कि 'आपकी लड़ाई सबसे पहले इस चमचा यूनियन से है।'

भीड़ में पीछे ठेल दिये गये इनसान की तरह दिग्विजय बाबू को लगा उनकी भूमिका विशिष्ट होने की बजाय पूरी तरह के सन्दिग्ध और अवान्तर होती जा रही है। भौंकने वाले कुत्तों की जमात की अदनी इकाई के सिवा उनकी कोई पहचान है ही कहाँ...? उनका वश चलता तो एक-एक कर सबको खदेड़ देते लेकिन अभी उचित यह होगा कि सब का संयुक्त मोर्चा बनाकर उस शत्रु से भिड़ा जाये। जिसने उन्हें न इधर का रहने दिया, न उधर का?

इस ख़याल को मूर्त्त रूप देने की गरज से उन्होंने पूरे युद्ध क्षेत्र का मुआयना किया। और सब तो ठीक था लेकिन वह रिक्शेवाली फटीचर यूनियन...। यहीं आकर सारा समीकरण गड़बड़ा उठा। वह कमबख्त ममता भी वहीं खड़ी बाप का श्राद्ध कर रही है। छी:! ये मज़दूर सचमुच के जाहिल और ठुस्स होते हैं। तो यही लोग हैं स्वत:स्फूर्त के पीछे, यूनियनों की प्रासंगिकता को ख़ारिज कर देने वाले रेडिकल तत्त्व! उनके मन में सहसा ही मुख्यमन्त्री और उनकी समर्थक मिश्रा जी की यूनियन के प्रति प्यार उमड़ आया। मन में आया चलकर कहें, 'आप ठीक कहते हैं, ये उग्रवादी छोकरे-छोकरियाँ ही हैं स्वत:स्फूर्त्त के पीछे। बोट का भी यही बहिष्कार करते हैं। इस बार कहते थे वोगस पोलिंग से बचने के लिए बहिष्कार नहीं, वोट नष्ट कर देना। कंडीडेट योग्य हो तो वोट दें वरना नष्ट कर दें। न मिश्रा जी, मैनेजमेंट या मुख्यमन्त्री प्रधान शत्रु नहीं, प्रधान शत्रु ये हैं, ये।'

उनका ध्यान फिर से बिखर गया, मिश्रा जी की मान्यता प्राप्त यूनियन से अर्द्ध सैनिक-बलों की कड़ी सुरक्षा के बीच ऐलान चल रहा था—'जो मज़दूर भाई काम पर लौटना चाहें, बिना किसी डर के चले आवें। उनकी सुरक्षा का पूरा इन्तज़ाम किया गया है। कैंटीन से पूड़ी-मिठाई का भी मुफ़्त बन्दोबस्त है। देश-भक्त लोग आगे आयें।'

दूसरे माइक ने ऐलान किया, 'साथियो, आप इनसे कह दें कि मज़दूर पोसा हुआ कुत्ता नहीं जो इस पोसी हुई यूनियन के कहने पर अपने हड़ताली भाइयों से गद्दारी करे। पूड़ी-मिठाई कौन चाभता है?'

'पोसी यूनियन! पोसी यूनियन...।' पहले माइक ने नकेल थाम ली।

'हाय-हाय!'

'मैनेजमेंट के पिट्ठू।'

'हाय-हाय! मिसराजी नहीं मिस राजी! मिस राजी हाय! हाय!'

जीप गुर्राते हुए ऐसे भागी जैसे साहब के अलसेसियन को गली के कुत्तों ने खदेड़ लिया हो।

दूसरे माइक का वॉल्यूम फिर तेज हुआ, 'साथियो, यह आपकी लड़ाई है और इसे आपको ही लड़ना है, इसमें बिचौलियों, स्टंटबाजों का क्या काम? आपके साथ जो नाइंसाफ़ी और ग़ैरबराबरी हो रही है, यह तो काफ़ी पुरानी समस्या है। फार्नेस की धूल, गर्मी, धुएँ की घुटन में आप सीझते हैं और प्रोमोशन और इंसेंटिव आपको नहीं, दूसरी ओर जो दफ़्तर के स्वच्छ परिवेश में पंखे के तले बैठते हैं, जिन्हें व्यावहारिक स्तर पर यह भी मालूम नहीं कि कितने धान से कितना चावल होता है, वही आप पर हुक्म चलाते हैं, उन्हीं का बँधा हुआ प्रोमोशन है, वे ठेकेदारों से मिलकर चाहे पूरा कारख़ाना कबाड़ बनाकर कलकत्ते–बम्बई के सेठों को बेच दें, मगर उनका समय–बँधा प्रोमोशन होता है, और आपका ...? नाक रगड़ते रह जाइए, कोई सुनने वाला नहीं, ख़ुद कहने गये तो इनका पर्सनल डिपार्टमेंट कहेगा, मान्यता प्राप्त यूनियन के थ्रू आइये। और यह मान्यता प्राप्त यूनियन क्या है...? जिसे मैनेजमेंट अपने हित के लिए मान्यता दे, भले ही आप उसे दलाल कहकर ख़ारिज कर चुके हों। आज इधर आप संघर्ष में हैं, उधर इस रबर-स्टाम्प ने आपकी तरफ़ से समझौता भी कर लिया है। देशद्रोही, राष्ट्रद्रोही, श्रमिक-विरोधी कौन है? चोर की माँ का गला सबसे चाँड होता है। है न!... तो साथियो इस पूरे श्रमिक-आन्दोलन में पहला अवरोध यह दलाल यूनियन है इस यूनियन ने अपने पिट्ठू पर्सनल ऑफिस में घुसा रखे हैं। बाकी अफ़सरों से दिल्ली का हौवा खड़ा यह अपने चमचों को नाजायज़ क्वार्टर-प्रोमोशन, ठेका, भरती आदि दिलवाती रहती है। मीटिंग सेमिनारों के नाम पर देश-विदेश के सैर-सपाटे कराती है। तो, साथियो सच्चे प्रजातन्त्र का यह तकाजा है कि जिसे मज़दूर चुनें वही आपकी मान्यता प्राप्त यूनियन मानी जाये, और वही देश के उत्पादन और उत्पादकता, सामाजिक न्याय और राष्ट्रहित के लिए ज़रूरी भी...।'

दिग्विजय बाबू और अन्य यूनियन के लोग यहाँ तक तो यह सोचकर चुप रहे कि उन्हीं की बात कही जा रही है, मगर आगे माइक ने जो अंगार उगलना शुरू किया तो वे तिलमिला उठे। अरे देखो तो साले को माइक पर कह रहा है, 'साथियो, भारत के मज़दूर-आन्दोलन में ऐसी भ्रष्ट यूनियनों की भूमिका अब सन्दिग्ध हो गयी है। केवल मैनेजमेंट की यूनियन ही नहीं ये बाकी यूनियनें भी जो अलग-अलग राजनैतिक पार्टियों की हैं और जिनके लिए श्रमिक या कर्मी एक वोट बैंक के सिवा कुछ नहीं, इसीलिए कल तक जो पूँजीवादी थे, वे भी आज वोट के लिए श्रमिकों के हित की बात करने चले आये हैं, वह भी तब तब इन यूनियनों की भूमिका को ख़ारिज करके अपने स्वतःस्फूर्त्त हड़ताल कर दी। जिस तरह मज़दूर की यूनियन मज़दूर चुनेगा,

उसी तरह मज़दूर की लड़ाई मज़दूर लड़ेगा, बाकी दलाल लोगों में उनके प्रति सच्ची सहानुभूति हो तो एकजुट होकर उनके पीछे खड़े हों, वरना हट जायँ।'

'ऐ! क्या कह रहा है यह साला...!' दिग्विजय बाबू तमतमा उठे।

दिग्विजय बाबू की पराजय को जैसे किसी ने खरोंच दिया हो और अब तक के रहे-सहे एलेक्सन-टेम्पो की जैसे हवा ही निकल गयी हो।

इधर मोर्चा भंग हो गया। तीसरे माइक की तरफ़ से ऐलान हुआ, 'सात दिन के अन्दर अगर फ़ैसला न हुआ तो हमारी यूनियन के सेक्रेटरी चौधरी बाबू आमरण अनशन करेंगे?'

लो अब न हुआ? दिग्विजय बाबू से सन्निपात की अवस्था में माइक पकड़ा, "साथियो! न-न भाइयो! कारख़ाने के बहादुर मज़दूर भाइयो! हम इस विश्वासघातक मैनेजमेंट को सात नहीं सिर्फ़ तीन, नहीं-नहीं तीन भी नहीं सिर्फ़ दो दिन का टाइम देते हैं-सिर्फ़ दो दिन का।' उनकी तर्जनी और मध्यमा ने विजय के 'वी' के चिन्ह बनाये। यह दो का अंक ज्योतिषियों के अनुसार उनके लिए हमेशा शुभ का प्रतीक है। उँगलियों में पुखराज और नीलम उनकी ओर सिद्ध के जिन्न की तरह आँख फाड़-फाड़कर देखने लगे।

'इन दो दिनों में यदि हमारी माँगें पूरी न हुईं तो हम आत्मदाह करेगे...।' तनिक रुककर सोचा और पुछल्ला जोड़ा—'डी.आई.जी. के ऑफिस के सामने।'

बोलो बोलो दिग्विजय बाबू की जय!

जै!

'दिग्विजय बाबू ज़िन्दाबाद!'

'ज़िन्दाबाद! ज़िन्दाबाद!!'

उस दूसरे और तीसरे माइक को नॉक आउट करने के लिए यह एक विस्फोटक प्रहार था। सबको स्तब्ध कर अब पहले राउंड के विजयी मुक्केबाज की तरह मालिश करवा रहे थे। मौक़ा पाकर अब तक के चुप बैठे माइकों का स्वर तेज हुआ— 'चींऽऽ! बिना चीर-फाड़ के 'फोता', बवासीर, भगंदर और गुप्त रोगों का शर्तिया इलाज!'

'बाज़ार में बहुत-सी दवाएँ हैं, मगर शिलाजीत का कोई जवाब नहीं। हिमालय से निकला असली शिलाजीत खाकर देखिए, सत्तर साल का बूढ़ा भी सोलह साल की औरत को क़ाबू में न कर ले तो पैसा वापस!'

'पेट ख़राब है, टट्टी साफ़ नहीं होती, गैस पैदा होती है, मुँह से बदबू आता,

पेशाब में जलन होता तो हमारा मन्दाग्निशामक चूर्ण इस्तेमाल करें। रात को सोते समय एक चम्मच चूर्ण ठण्डे पानी के साथ... सुबह तक सब साफ़।'

'दाद-दिनाई, खुजली, एक्जीमा, सेहुँआ का अचूक इलाज हमारा दद्रुनाशक लेप। एक बार लगाने से ही एट्टी परसेंट रोग छू-मन्तर! अगल-बगल में दाद हुई है कहे को खुजलैया, दवैया मोरी लेइके जाओ भैया!'

'बेकार हैं, लाचार हैं, पैसों की दरकार है तो हमारे पास आइये—एक करोड़ ऽऽऽ ड़ का पहला लकी ड्रा भाग्य महाश्री सरकार की लॉटरी... बैठे-बैठे लखपती-करोड़पती बनिए। मैया गे मइया। एतना रुपैया कहँवा रखेंगे—! बक्सा में भी नँय अँटता है—दो दिन बाद खुल रही है सिर्फ़ दो दिन बाद!—एक आँख मारूँ तो परदा हट जाये, दूजी आँख मारू...'

'नो रेस्पांस फ्राम द ओल्ड लेडीज! दैट मीन्स देयर आर नन! नाउ द यंग एण्ड ब्यूटीफुल लेडीज ओन्ली विल सिंग...अहा! अहा! अहा!!'

जिस राह से दिग्विजय बाबू गुज़र रहे थे वहीं से अहा! अहा!! का उच्छ्वास सुनाई दे रहा था।

'ऐ भइया, साचो के जल जायेंगे?'

'तबका झूठों के...!'

'हमार किरिया ...!'

सुदर्शन जी दौड़ते हुए आये, 'यह क्या सुन रहा हूँ भैया जी ...?'

भैया जी (दिग्विजय बाबू) ने घुड़क दिया शहीदाना अन्दाज़ में, 'जो सुन रहे हो ठीक ही सुन रहे हो। मैं परसों डी.आई.जी. के सामने आत्मदाह करूँगा।'

'मगर इससे तो उन्हीं का फ़ायदा होगा।' दिग्विजय बाबू की सोच को झटका लगा। सुदर्शन जी ने बर्राते हुए कहा, 'चारों ओर यह कहा जा रहा है कि जलना है तो डी.आई.जी. के सामने क्यों ...? ताकि जल न पायें और बचा लिए जायें?' 'कौन स्साला कह रहा था, कोई जल के तो दिखाये।' दिग्विजय बाबू भड़क उठे, 'मैं इन लौंडों-लपाड़ों को सबक सिखाकर रहूँगा। दो दिन बीतने तो दीजिए।'

'मगर दो दिन बाद आप रहेंगे कहाँ? दूसरे दिन ही तो आप आत्मदाह करने वाले हैं।'

'त-त तुम भागते हो कि नहीं यहाँ से?' भैया जी की रौद्र मुद्रा देखकर सुदर्शन जी भाग खड़े हुए।

सुदर्शन जी को डाँटकर चुप कराना आसान था लेकिन अपने मन के सुलगते सन्देह को चुप कराना उनके वश के बाहर की बात थी। मान लो कि कहीं सचमुच

जल जायें और कोई बुझाये न तो...? यह प्रतिहिंसा, प्रतिशोध और सुनहरे सपनों का आलम एक मुहूर्त्त के आवेश में स्वाहा! न-न, जलना तो आत्महत्या है। आत्महत्या कायरता है। सम्भव है, उन्हें शहीद घोषित कर उनकी यूनियन प्रतिष्ठित हो जाये। लेकिन उन्हें क्या मिलेगा इससे? हद-से-हद एक प्रतिमा खड़ी कर दी जायेगी, वही साला सी.एम. अनावरण करेगा, ममता और उसके शेखचिल्ली साथी खिल्लियाँ उड़ाएँगे। परिन्दे बीट करेंगे और...अपने उस रूप की कल्पना मात्र से ही वे सिहर गये और अपनी मौत पर आप ही रोने लगे।

पूजागृह में नीलम और पुखराज के आगे जलती धूनी के बीच भी वे देर रात तक रोते रहे। नीलम और पुखराज की अँगूठियाँ यमराज की तरह घूरती रहीं उन्हें। जब मन को किसी भी तरह करार न आया तो परिवार का ख़याल आया। उनका इन्तज़ार करते-करते पत्नी और बच्चे सो चुके होंगे। धूनी की सुगन्धित दुनिया से सिगरेट की कसैली दुनिया में लौटते ही उन्होंने तनिक आश्वस्ति महसूस की। कश लेते-लेते सिगरेट फेंककर पत्नी की बगल में सो गये।

सपने में उन्होंने देखा कि डी.आई.जी. ऑफ़िस के सामने आत्मदाह करने के लिए प्रस्तुत हैं। अपने विरोधी अर्जुन के आत्मदाह की ख़बर पाकर स्वयं जयद्रथ की तरह मुख्यमन्त्री तमाशा देखने आये हैं। घृणा से सिकुड़ जाती है उनकी नजर, 'आप?' मुख्यमन्त्री जवाब में सिर्फ़ शातिराना हँसी हँस रहे हैं। दिग्विजय बाबू के हाथ झट से बढ़ते हैं धोती की ओर—'अरे यह क्या जंगलीपना है?' महीन स्त्रैण आवाज़ मुख्यमन्त्री की थी।

तुम्हें आज नंगा करके ही रहूँगा। साला! छद्म पाल रखा है। खींच-तान में नींद खुल गयी। देखा तो पत्नी अनावृत-सी आश्चर्य में उन्हें ताक रही थीं!

थोड़ी देर बाद ही मौत के अशुभ साये उनके गिर्द फिर से घिरने लगे। उन्हें पत्नी को तो अब सब कुछ साफ़-साफ़ बता देना चाहिए। उन्होंने भर्राये गले से कहा, "मेरे आत्मदाह की बात तो तुम्हें मालूम ही होगी? मुँह से निकल गया है तो करना तो है ही, रघुकुल रीति सदा चलि आई, प्राण जाय पर बचन न जाई। तुम्हें गर्व होना चाहिए कि...ऐं! सो गयी क्या?'

तो क्या औरों की तरह इसे भी मेरे ऊपर विश्वास नहीं कि मैं आन पर मर भी सकता हूँ। एक औरत वह है, क्या नाम था 'ममतवा', अपने सम्मान पर पाँव पड़ते ही फुफकार उठती है, गेट पर भी गयी थी, सजग, चौकन्नी, एक औरत यह है जैसे लाश के बगल लेटे हों—मुर्दा! कल को विधवा भी हो सकती है—इसका भी अनुमान नहीं।

उन्होंने सिगरेट सुलगा ली और लेटे-लेटे ही कश लेते हुए सोचने लगे। नींद की जीप जल्दी ही खर्राटे भरने लगी। इस बार भी वह डी.आई.जी. ऑफ़िस के सामने वाले मैदान में उन्हें उतारकर चली जाती है। चारों ओर मज़दूरों की भीड़ है, 'दिग्विजय बाबू ज़िन्दाबाद?' के नारे गूँज रहे हैं। लो पुलिस के जवानों ने उनके कान-आँख पर पट्टी बाँध दी है। अरे-अरे कहाँ ले चले? कुत्ते की तरह नदी पार छोड़कर वापस चले जा रहे हैं। चलो अच्छा हुआ, बच गयी इमेज। लोग भूलते-भूलते भूल जायेंगे... लेकिन... लो अब सुदर्शन बाबू को क्या हो गया? यहाँ भी ज़िन्दाबाद कराती पलटन लेकर हाज़िर, 'चलिए चलते हैं, उन्होंने हमें समझ क्या रखा है? कहा है जलेंगे तो जल के दिखा देंगे।' ऊपर-ऊपर कहते हैं लेकिन अन्दर-अन्दर भय पीछे से कुर्ता खींच रहा है।

डी.आई.जी. के दफ़्तर के सामने जय-जयकार करती भीड़ में पुलिस के जवानों का चेहरा तलाश रहे हैं जो उन्हें जलने के पूर्व ही अरेस्ट कर लेंगे। लेकिन कहाँ मर गये सबके सब? ठीक है, भाषण थोड़ा और खींचें, तब तक आ जायें शायद! जय-जयकार करती हुई भीड़ को शान्त करता उनका हाथ लहराकर अन्तिम सन्देश देने की मुद्रा में आता है, 'कारख़ाने के बहादुर मज़दूर भाइयो...।' भावुकता से लबरेज शब्दों को आगे के लिए अभी वे जोड़ ही रहे थे कि लो किसी ने माचिस छुआ ही तो दी।

'दिग्विजय बाबू! ज़िन्दाबाद।

ज़िन्दाबाद! ज़िन्दाबाद!!'

और वे उँगलियों की ओर से जलने लगे। बाप रे कितनी मर्मान्तक होती है आग? अरे! तो क्या वे सचमुच जल जायेंगे? ऐन डी.आई.जी. ऑफ़िस के सामने, हज़ारों लोगों की भीड़ के बीच कोई ज़िन्दा आदमी जल जाय और लोग खड़े-खड़े तमाशा देखते रहेंगे? इस कम्पनी की ज़मीन ख़ाली कराने के लिए उन्होंने एक बार झुग्गियों में आग लगवाई थी तो लोग कैसे दौड़ पड़े थे? आज कोई नहीं आता। 'नमकहराम है यह कम्पनी, नमकहराम हैं मज़दूर, नमकहराम है देश! बचाओ-बचाओ! मैं मरना नहीं चाहता।' उनकी चीख़ मज़दूरों की जय-जयकार को भेदकर तड़प जाना चाहती है।

पत्नी ने उनकी अँगूठियों लगी उँगलियों के बीच से सिगरेट के जलते टोटे को निकालकर फेंका। बर्नोल की ठण्डी सिहरन के साथ नींद के टूटते ही पहले उन्हें पत्नी नज़र आयी। उँगली की जलन को महसूस करते हुए फ़र्श पर निगाह गयी। नीचे सिगरेट का टोंटा दुःस्वप्न-सा अभी भी जल रहा था। उँगलियों को फिर से देखा,

बर्नोल लग जाने से उनका विजय-प्रतीक चिन्ह 'ह्वी' केशरिया हो उठा था। अँगूठियों के नीलम व पुखराज जिन्न की आँखों की मानिन्द जल-बुझ रहे थे। उन्हें याद आया, वे पत्नी को मज़दूरों के हित के लिए अपने आत्मदाह के निर्णय से वाक़िफ़ कराने वाले थे। उनकी सारी देह पसीने से लथपथ काँप रही थी, तभी बत्ती बुझ गयी। पत्नी ने उन्हें बुरे सपने में डर गये बच्चे की तरह अपने सीने से चिपका लिया... और तब तक उनकी पीठ थपथपाती रही जब तक उन्हें दोबारा नींद नहीं आ गयी।

जयप्रकाश कर्दम

जयप्रकाश कर्दम का जन्म 05 जुलाई, 1958 को ग्राम—इन्दरगढ़ी, हापुड़ रोड, गाजियाबाद (उत्तर प्रदेश) में हुआ । इन्होंने दर्शनशास्त्र, हिन्दी और इतिहास विषयों में एम.ए., पीएच.डी. (हिन्दी) तक शिक्षा प्राप्त की है।

साहित्य-सृजन : उपन्यास, कहानी-संग्रह, कविता-संग्रह, खण्ड-काव्य, यात्रा-वृत्तान्त, साक्षात्कार, आलोचना, वैचारिक, सम्पादित, अनूदित और बाल-साहित्य सहित विभिन्न विधाओं में तीस से अधिक पुस्तकें प्रकाशित। दलित साहित्य (वार्षिकी) का सन् 1999 से निरन्तर सम्पादन। देश-विदेश की अनेक भाषाओं में रचनाओं का अनुवाद एवं प्रकाशन। सीनियर सेकेंडरी, विश्वविद्यालय स्तर पर कई रचनाएँ पाठ्यक्रम में शामिल। अनेक साहित्यिक, सांस्कृतिक संस्थाओं द्वारा सम्मान/पुरस्कार।

बिट्टन मर गयी

—जयप्रकाश कर्दम

उसका ट्रांसफर हो गया है, किसी को भी यह ख़बर अच्छी नहीं लगी थी। सबके चेहरे लटक से गये थे। हालाँकि सब जानते थे कि वह ट्रांसफर के लिए प्रयास कर रहा था लेकिन एक सप्ताह के अन्दर ही वह चला जायेगा इसके लिए कोई तैयार नहीं था। वर्मा जी और उनकी पत्नी को छोड़कर अन्य किसी ने भी उससे सहज रूप से बात नहीं की थी। बच्चा पार्टी ने रोज़ की तरह उससे न पढ़कर अपनी नाख़ुशी व्यक्त की तो बिट्टन ख़बर सुनते ही पहले तो बिना कुछ कहे सुने एकदम से दहलीज पार करके अपने कमरे में चली गयी फिर थोड़ी देर बाद बाहर आकर इधर-उधर आती-जाती रही। उसकी शिकायती आँखें उसकी ओर उठतीं फिर दूसरी ओर देखने लगतीं। लेकिन उसके मुँह से कोई शब्द नहीं निकल रहा था।

वह कुछ कहना चाहती थी किन्तु कह नहीं पा रही थी। शब्द रह-रहकर उसके गले से बाहर निकलना चाहते लेकिन होंठों तक आकर वापस लौट जाते। काफ़ी देर की जद्दोजहद के बाद आख़िर उसके होंठ खुले 'तो तुम अब चले जाओगे?' शब्द जैसे चक्की में से पिसकर बाहर आये थे।

'हाँ, जाना ही है।' उसका स्वर भी दबा हुआ था।

'जाना अच्छा लग रहा है?' उसने मायूस स्वर में पूछा। यह पूछने के पीछे स्पष्ट था कि बिट्टन को उसका जाना अच्छा नहीं लग रहा था। यूँ ट्रांसफर के लिए उसने खुद अनुरोध किया था और अब ट्रांसफर हो जाने पर यहाँ से जाना भी तय था पर सच यह था कि यहाँ से जाना उसे भी उतना अच्छा नहीं लग रहा था जितने उमंग और उत्साह से उसने ट्रांसफर के लिए आवेदन किया था। अपने मन का सच

उसने कह दिया, 'सच तो यह कि न यहाँ आना अच्छा लगा था, न यहाँ से जाना अच्छा लग रहा है?'

जैसे वह यही सुनना चाहती थी। उसने तुरन्त कहा, 'तो रुक क्यों नहीं जाता।

'जाना अच्छा नहीं लग रहा है इसका यह मतलब तो नहीं कि मैं जाना नहीं चाहता। यदि ऐसा होता तो मैं ट्रांसफर ही क्यों करवाता।' उसने मन ही मन कहा लेकिन बिट्टन से कह इतना ही कह पाया,'यह सम्भव नहीं है। ट्रांसफर जो हुआ है।'

'हुआ है या कराया है?' स्वर शिकायत और गुस्से से भरा था।'

हाँ, मैंने ही रिक्वेस्ट दी थी। तुम जानती हो मेरे ऊपर कितनी ज़िम्मेदारियाँ हैं। बहिन की शादी पहली प्राथमिकता है। यहाँ रहकर मैं इस ज़िम्मेदारी को नहीं निभा सकता।' उसने अपनी विवशता बयान की।

'ट्रांसफर हो गया है कोई बात नहीं। जाना तुम्हें है ही। न मैं रोक सकती हूँ न तुम रुकोगे। पर क्या कुछ दिन और नहीं ठहर सकते?'

'नहीं, रिलीव हो चुका हूँ। सोमवार तक मेरठ जाकर ज्वाइन करना है।'

'ओह...।' बिट्टन को अपने अन्दर कुछ टूटता-सा महसूस हुआ।

थोड़ी देर जड़वत रहने के बाद बिट्टन ने बात का सिलसिला फिर शुरू किया, 'तो तुम हमेशा के लिए चले जाओगे?'

'हमेशा के लिए नहीं, फिर भी आना हो सकता है।' उसने कहा।

'कब? कितने दिनों बाद?'

'कुछ नहीं कह सकता। सब समय और परिस्थितियों पर निर्भर करेगा। वैसे यहाँ रहने के लिए न सही तब भी मिलने के लिए तो आता ही रहूँगा।'

'एक बार जाने के बाद कोई नहीं आता।' उसके स्वर में निराशा साफ़ झलक रही थी।

'लेकिन मैं आऊँगा।' उसने बिट्टन को आश्वस्त करना चाहा।

'देख लेंगे आप भी कितना आयेंगे।' साफ़ था उसके आश्वासन पर बिट्टन को कोई यक़ीन नहीं था।

बिट्टन से उसका परिचय कोई ज़्यादा पुराना नहीं था। 5-6 माह पूर्व जब वह आया तो बिट्टन या तो उसकी ओर देखती ही नहीं थी या फिर देखकर भी अनदेखा करके निकल जाती थी। एक उपेक्षा का सा भाव उसकी आँखों में होता था।

वह भी उसकी ओर ख़ास ध्यान नहीं देता था। उस दिन पहली बार उसका ध्यान बिट्टन की ओर गया या कहिये बिट्टन ने उसका ध्यान अपनी ओर खींचा।

वह अपने लिए फोल्डिंग पलँग ख़रीद कर लाया तो वर्मा जी की पत्नी ने जिनको वह उम्र और अपनेपन के लिहाज़ से चाची कहकर सम्बोधित करता था, बतासे मँगवाकर सबका मुँह मीठा करवाया था। बिट्टन को भी उन्होंने बतासे दिये तो उसने यह कहकर बतासे लेने से इनकार कर दिया 'नहीं, हम तो लड्डू खायेंगे।'

'अभी पलँग आया है इसलिए बतासे हैं, पलँग पर सोने वाली आ जायेगी तो लड्डू भी खिला देंगे।' कहकर उन्होंने मुट्ठी में पकड़े बतासे बिट्टन की ओर बढ़ाये।

सोने वाली भी आ जायेगी। लेकिन हमको बहकाओ मत चाची, हम लड्डू ही खायेंगे।' कहकर बिट्टन ने बतासों के प्रति अरुचि व्यक्त की।

उसको बिट्टन का व्यवहार अच्छा नहीं लग रहा था। मन कर रहा था कि वर्मा जी की पत्नी से कह दे 'बतासे नहीं ले रही है तो न सही। तुम क्यों उसकी खुशामद कर रही हो' पर कुछ कह नहीं पा रहा था।

'अब तेरे अकेले के लिए लड्डू कहाँ से लायें।' कहते हुए वर्माजी की पत्नी ने फिर बतासे वाला हाथ बिट्टन की ओर बढ़ाया। लेकिन उसने फिर बतासे नहीं लिए और बोली, 'लड्डू नहीं तो कोई बात नहीं, हम बतासे भी खा लेंगे। पर ये वाले नहीं हम पानी वाले बतासे खायेंगे।' कहते हुए उसने कनखियों से विकास की ओर देखा।

'यहाँ कहाँ से लायें पानी के बतासे।' वर्मा जी की पत्नी ने कहा।

'हम कब कह रहे हैं अभी खिलाओ या यहीं लाकर खिलाओ। बाज़ार में ले जाकर खिला दो। हम साथ चले चलेंगे।' कहने के साथ-साथ मन्द-मन्द मुस्कान उसके होंठों पर उभरी। उसकी आँखें विकास के चेहरे पर टिकी थीं।

जिस ढंग से बिट्टन ने यह कहा और देखा था उससे विकास की नज़रें भी उसकी ओर उठे बिना नहीं रह सकीं। नज़रें मिलते ही वह जैसे लजा सी गयी थी और नज़रें झुकाकर मन्द-मन्द मुस्कान बिखेरती हुई अपने घर के अन्दर चली गयी।

उसके चले जाने के बाद वर्मा जी की पत्नी ने विकास को टोका, 'तू एक दिन बाजार ले जाकर पानी के बतासे खिला दे इसको। नहीं तो यूँ ही टोकती रहेगी।'

'पर क्यों चाची? जब सब लोगों को ये बतासे दिये जा रहे हैं तो उसे भी बतासे लेने चाहिए। यह तो अपनी ख़ुशी की बात है, कोई ज़ोर ज़बरदस्ती थोड़े ही है।' चाची क्यों उसकी चापलूसी कर रही हैं? उसे उन पर ग़ुस्सा आ रहा था।

'अरे तू नहीं जानता, यह नाराज़ हो जायेगी बेकार में।' उन्होंने विकास को समझाने की कोशिश की।

'नाराज़ हो जायेगी? पर क्यों? हमने कौन-सा अपमान किया है उसका। उल्टे नाराज़ तो हमें होना चाहिए। उसने बतासे न लेकर हमारा अपमान किया है।'

बिट्टन शायद अपने घर के दरवाज़े के पीछे ही खड़ी उनकी बातें सुन रही थी। विकास के ऐसा कहते ही वह ओट में से बाहर निकल आयी और बरामदे में आकर अपना चेहरा लगभग उसकी ओर करके वर्माजी की पत्नी को सम्बोधित करते हुए बोली, 'हमने कहाँ अपमान किया है? लाओ चाची बतासे दो। हम ये बतासे भी खायें लेते हैं। पर पानी के बतासे ज़रूर खायेंगे हम। उसके बिना हम नहीं मानेंगे।' यह कहकर उसने अपने लोचदार शरीर को लहरा सा दिया और वर्माजी की पत्नी से बतासे लेकर वहीं खड़ी होकर खाते हुए उनसे बातें करने लगी। वह बात वर्माजी की पत्नी से कर रही थी किन्तु उसकी नज़रें पलट-पलट कर विकास की ओर उठ रही थीं मानो वह उससे कहना चाह रही हो, 'देखो मैं तुमसे नाराज़ नहीं हूँ।'

उसका यह व्यवहार विकास को बहुत अजीब लगा था। एक लड़की कितनी बेशर्मी से और अधिकारपूर्ण स्वर में बात कर रही थी। 'माना कि चाची लोग उसके मकान में रहते हैं लेकिन मुफ़्त में तो नहीं रहते। पूरा किराया देते हैं, फिर किस बात का अहसान या दबना।' यदि वर्माजी और बिट्टन के परिवार के सम्बन्ध मात्र मकान मालिक और किरायेदार के सम्बन्ध न होकर एक अच्छे पड़ोसियों की तरह के होते और दोनों परिवारों में प्रेम और प्रगाढ़ता होती तो बिट्टन का यह व्यवहार शायद उसे अजीब नहीं लगता। किन्तु ऐसा कुछ नहीं था। प्रेम और प्रगाढ़ता की तो बात छोड़िए दोनों परिवारों के बीच सामान्य सम्बन्ध तक नहीं थे। बिट्टन के पिता कानपुर से दूर हटिया तहसील में नौकरी करते थे और सप्ताह में एक बार घर आते थे। वर्माजी और उनके बीच नमस्ते से आगे कभी कोई संवाद हुआ हो उसने न देखा, न सुना। वर्माजी और उनकी पत्नी और बिट्टन की माँ के बीच आये दिन किसी न किसी बात पर झगड़ा होता रहता था। बिट्टन ज़रूर कभी-कभार दो-चार मिनट वर्माजी की पत्नी से बोल-बतिया लेती थी।

दोनों परिवारों के बीच आत्मिक दूरी और संवादहीनता की वजह थी जाति। बिट्टन का परिवार कायस्थ था जबकि वर्माजी चमार थे। बिट्टन का परिवार, विशेष रूप से उसकी माँ जाति के प्रति कुछ ज़्यादा ही सजग रहती। घर के अन्दर आते जाते वर्माजी के परिवार के सदस्यों का छू जाना तक उनको अच्छा नहीं लगता था। इससे वह स्वयं को अपवित्र-सा हुआ मानती थीं। बर्तन छू जाने पर उसका उपयोग खाने-पीने के लिए नहीं करती थीं। उसे या तो तुरन्त माँजती थीं या मांजने के लिए रखे बर्तनों में रख देती थी। हालाँकि वह मुँह से कुछ नहीं कहती थीं पर अन्दर ही

अन्दर भिनभिनाती रहती थीं और जिसका स्पर्श होता उसको खा जाने वाली नज़रों से घूरती थीं।

वर्माजी की पत्नी के मन में शायद यह भाव रहता हो कि उनको कम किराये पर मकान मिला हुआ था या यह सोचती हों कि कल को मकान खाली करवा लें तो सामान लेकर कहाँ जायेंगे। इतना सस्ता मकान दूसरा कहाँ मिलेगा और इसीलिए बिट्टन के प्रति वह इतनी उदार हों। पर वह ऐसा क्यों सोचती हैं। वह यह क्यों नहीं सोचती कि उनके जैसा शान्त और शालीन परिवार क्या कोई दूसरा किरायेदार मिल सकता है। उनके रहने से कितनी सुरक्षा और सहारा उनको रहता है। आज चाचा मकान खाली कर दें, क्या कल को उन्हें कोई ऐसा दूसरा किरायेदार मिल जायेगा?... यह तो दोनों की अपनी-अपनी ज़रूरत और मजबूरी है। फिर चाची को क्यों दब कर रहना चाहिए।'

मन में आया वर्मा जी की पत्नी से कह दें 'तुम क्यों इतना दबती हो इनसे?... और तुम दबती हो तो दबो, मुझसे क्यों कहती हो कि मैं भी...। नहीं, मुझसे नहीं होगा यह सब। बिट्टन नाराज़ हो जायेगी तो हो जाये। उसको ख़ुश रखने की ज़िम्मेदारी मेरी नहीं है।' पर वह वर्मा जी की पत्नी से यह नहीं कह पाया।

बिट्टन के अन्दर चले जाने के बाद जब वर्मा जी की पत्नी ने उससे फिर कहा, 'जब यह ज़िद कर रही है तो इसे ले जाकर एक दिन खिलवा दो बाज़ार में' तो वह वर्मा जी की पत्नी से यही कह सका था, 'लेकिन वर्माजी की पत्नी, बिट्टन को बाजार लेकर जाऊँगा और मोहल्ले, पड़ोस के लोग देखेंगे तो क्या सोचेंगे? और बिट्टन भी पता नहीं क्या सोचेगी।....... कहने को बात और होती है। मज़ाक़ में वह कह गयी पर सचमुच में वह थोड़े ही मेरे साथ बाजार जाय़ेगी।'

'जब कह रही है तो ज़रूर जायेगी और नहीं जायेगी तो ना सही। कम से कम उसका उलाहना तो नहीं रहेगा।' उन्होंने समझदारी भरे लहजे में कहा।

'ठीक है, देखूँगा।' कहकर उसने बिट्टन के अध्याय को उस दिन वहीं पर बन्द कर दिया था।

विकास का कमरा वर्माजी के घर से थोड़ी दूरी पर था। रोज़ सुबह-शाम खाना खाने वह वर्माजी के घर जाता था। सुबह को तो ज़्यादा समय नहीं होता था लेकिन शाम को कई घण्टे वह वहाँ बिताता। वर्माजी प्राय: देर से घर आते थे। इसलिए वह प्राय: वर्माजी की पत्नी या उनके बच्चों के साथ बातें करता, उन्हें पढ़ाता।

वर्माजी के बच्चों के साथ-साथ बिट्टन की छोटी बहन को भी वह रोज़ शाम को पढ़ाता था इसलिए वर्माजी की पत्नी के साथ भले ही अच्छे सम्बन्ध न रहे हों,

बिट्टन की माँ उसके साथ सहज रूप से बातें करती थी। सुबह-शाम जब भी उनके घर चाय बनती और विकास वहाँ मौजूद होता तो उसके लिए चाय का कप ज़रूर भिजवाती थीं। चाय का कप प्राय: बिट्टन ही लाकर देती थी। वह चुपचाप चाय का कप विकास के हाथों में या उसके पास रख जाती और उसके चाय पी लेने के बाद उसी तरह चुपचाप खाली कप उठाकर ले जाती। बतासे वाली घटना के बाद कभी-कभी यह जानने के लिए कि वह सचमुच उससे बोलना नहीं चाहती या बोलने का साहस नहीं कर पा रही है, उसकी आँख और चेहरे की भाषा पढ़ने के लिए वह नज़र उठाकर उसकी ओर देखता तो वह चेहरा घुमाकर वहाँ से चली जाती।

बिट्टन उससे नाराज़ थी वह समझ रहा था। पर क्यों? आख़िर नाराज़गी का कोई कारण होना चाहिए। वह कुछ समझ नहीं पा रहा था। एक दिन रविवार को वर्माजी और वह बैठे बातें कर रहे थे कि बात की बात में बिट्टन का ज़िक्र आया तो वर्माजी ने उससे कहा, 'असल में नाराज़ नहीं है, वह तुमसे बोलना चाहती है। उसकी नाराज़गी इसी बात को लेकर है कि तुम उससे बोलते क्यों नहीं।

'वर्माजी के मुँह से यह सुन वह चौंका, 'पर क्यों? वह मुझसे क्यों बात करना चाहती है!'

'देखो वह एक जवान लड़की है। दो साल पहले शादी हुई, पर माँ-बाप उसको ससुराल नहीं भेजते। कहते हैं उसका पति ठीक नहीं है। शराबी-कबाबी और अय्याश है। हर महीने दो महीने में वह आता है। एकाध दिन रुक कर चला जाता है। इसकी माँ न उससे ठीक से बात करती है, न लड़की को भेजती है अब...।' वर्माजी इसके आगे क्या कहना चाहते थे यह वह समझ चुका था। उसने बीच में ही उनकी बात काट दी, 'और बिट्टन? क्या वह भी नहीं जाना चाहती?'

'वह तो जाना चाहती है, पर उसके माँ-बाप ही नहीं भेजते तो वह कैसे जाये।' वर्माजी की पत्नी ने बीच में हस्तक्षेप किया था। उसके स्वर में बिट्टन के प्रति सहानुभूति साफ़ झलक रही थी।

'जब लड़की ससुराल जाना चाहती है तो माँ-बाप क्यों नहीं भेजते? भेज देना चाहिए। शादीशुदा लड़की को क्यों अपने घर पर रखे हुए हैं।' उसने अपनी जिज्ञासा व्यक्त की।

'लड़की एक प्राइवेट स्कूल में पढ़ाने जाती है। सौ रुपये महीने लाती है। घर आकर माँ के साथ सुपारी काटती है। महीने में सौ-डेढ़ सौ की कमाई उससे भी हो जाती है। लड़की चली जायेगी तो कमाई जाती रहेगी।' वर्मा जी ने खुलासा किया।

'पर कमाई ज़्यादा मूल्यवान है या बेटी की ज़िन्दगी? कैसे माँ-बाप हैं जो अपने स्वार्थ के चलते अपनी ही बेटी की ज़िन्दगी को बरबाद कर रहे हैं।' उसे आश्चर्य हुआ था। अपने गाँव और समाज में उसने तो यह देखा और सुना था कि लड़की यदि लड़कर या रूठकर भी ससुराल से चली जाये तो माता-पिता लड़की को समझाकर, उसकी ससुराल वालों से बातचीत करके यानि किसी भी तरह सुलह समझौता कराकर लड़की को उसकी ससुराल भेज देते हैं। शादीशुदा लड़की का मायके में रहना अच्छा नहीं समझा जाता। लेकिन यहाँ पर वह एकदम उलट देख रहा था। लड़की ससुराल जाने को तैयार थी। उसका पति भी लेने को आता था लेकिन लड़की के माता-पिता न लड़की को भेजते थे और न बीच के गतिरोध को दूर करने के लिए कोई प्रयास करते थे।

'कमाई ज़्यादा मूल्यवान है। तुम नहीं जानते इसकी माँ कितनी लालची औरत है।' वर्माजी ने कहा।

'और उसके पिता?' बिट्टन की इस कहानी ने विकास के मन में उसके प्रति संवेदना पैदा कर दी थी और उसका मन इस बारे में और आगे जानने को उत्सुक हो गया था।

'वह तो ठीक आदमी है। पर नंग औरत के सामने उसकी कुछ चलती नहीं है।' वर्माजी ने बताया।

'कुछ भी हो। आख़िर बेटी की ज़िन्दगी का मामला है। उनको ज़रूर कुछ न कुछ करना चाहिए।' विकास ने कहा लेकिन वर्माजी ने इस पर कोई प्रतिक्रिया व्यक्त नहीं की। विकास के लिए यह समझने में अब कोई दिक्कत नहीं रह गयी थी कि बिट्टन उससे क्यों बात करना चाहती है। माँ-बाप की क़ैद में अपनी इस घुटनभरी ज़िन्दगी का दर्द वह किससे और कैसे बाँटे। घर और आसपास में कोई उसका हम उम्र नहीं है, न बहन, न भाभी, न कोई सहेली। कोई तो हो जिसके साथ बोल-बतलाकर वह कुछ देर के लिए ही अपनी ज़िन्दगी के दर्द से उबर सके। दो घड़ी सुख और सुकून की ज़िन्दगी जी सके। उसका मन बिट्टन के प्रति सहानुभूति से भर गया था और अब वह निर्लज्ज लड़की की बजाय शोषण और अन्याय की शिकार एक दुःखी, लाचार युवती के रूप में उसके सामने खड़ी थी जो भूखी थी, खाने से भरी थाली उसके सामने थी लेकिन वह खाने से वंचित थी।

'आप तो यहाँ रहते हैं सब चीज़ें आपके सामने हैं। आपने कभी इस बारे में प्रयास नहीं किया कि...।' उसकी बात पूरी होने से पहले ही वर्माजी ने बीच में रोककर प्रति प्रश्न किया, 'किस तरह का प्रयास?'

'यही कि बिट्टन के पिता से बात करके उसको ससुराल भिजवाने के लिए कहते।' उसने अपना मन्तव्य स्पष्ट किया।

'नहीं, कहा वहाँ जाये जहाँ बात मानी जा सके!... उनकी बेटी वे भेजें, न भेजें। हमें क्या पड़ी है कि दूसरे के फटे में अपना पाँव दें।' जैसे सुप्रीम कोर्ट ने अपना फैसला सुना दिया हो, अब और कुछ भी कहने का कोई मतलब नहीं रह गया था।

इसके बाद फिर कभी भी वर्माजी या उनकी पत्नी के साथ इस विषय पर उसकी कोई बात नहीं हुई। लेकिन जब भी वह बिट्टन को देखता उसके मन में कुछ खदबदाता। उसे लगता उसे बिट्टन के माता-पिता से बात करके उसको ससुराल भिजवाने के लिए प्रयास करना चाहिए और यदि कोई इतनी बड़ी बाधा है कि वहाँ भेजना सम्भव नहीं है तो वहाँ से तलाक़ दिलवाकर उसकी दूसरी शादी होनी चाहिए।

होली के आसपास का समय था। बिट्टन का पति आया। बिट्टन की माँ ने फिर उसके साथ पूर्ववत् उपेक्षापूर्ण व्यवहार किया। दो दिन रहकर वह फिर अकेला लौट गया। शाम को विकास वहाँ पहुँचा तो पता चला बिट्टन का पति चला गया है। वह बच्चों को पढ़ाने लगा था। बिट्टन चाय का कप लेकर आयी तो बहुत दिन के बाद उसने नज़र उठाकर भरपूर दृष्टि उसके चेहरे पर डाली। उसका चेहरा विषाद में डूबा था। कप को पास रखे स्टूल पर रखकर वह जाने लगी तो उसने टोका, 'बिट्टन, गयी नहीं अपने हसबैंड के साथ?'

उसके शरीर में बने किसी ज़ख़्म पर जैसे उसका हाथ पड़ गया था। वह आहत हो उठी। उसके चेहरे पर उभर आयी वेदना को साफ़ पढ़ा जा सकता था। एक क्षण को वह विकास के चेहरे की ओर ताकती रही फिर बोली, 'आप भिजवा दीजिए, चले जायेंगे।' कहने के साथ एक दर्द भरी मुस्कान उसके चेहरे पर उभरी वह सकपका-सा गया। लगा यह प्रश्न पूछकर उसने अच्छा नहीं किया। व्यर्थ में उसको आहत किया। यह बिट्टन की विवशता का विलाप था या उसकी मूर्खता पर उसका व्यंग्य, सहसा वह कुछ समझ नहीं पाया। वह क्या कहे कुछ सोच नहीं पा रहा था। बिट्टन की उदास आँखें अभी भी उसके चेहरे पर टिकी थीं। उसकी आँखों का दर्द उससे देखा नहीं गया पर वह विवश था। उसकी विवशता इन शब्दों के रूप में बाहर आयी, 'यदि मैं तुम्हारा भाई होता तो ज़रूर मैं तुमको तुम्हारे पति के साथ भिजवा देता।'

बिट्टन के लिए कुछ करने का सारा उत्साह धरा का धरा रह गया। उसने जैसे हथियार डाल दिये थे। मन ने कह दिया 'सॉरी बिट्टन, मैं परदेसी आदमी हूँ। कुछ नहीं कर सकता।' वह एक लुंज-पुंज पराजित योद्धा की तरह पड़ा था। बिट्टन से

नज़रें मिलाने का साहस वह नहीं जुटा पा रहा था। उसने चुपचाप अपनी नज़रें सामने रखी किताब पर जमाई और बच्चों को पढ़ाने में ख़ुद को व्यस्त कर लिया। बिट्टन कब तक वहाँ खड़ी रही और कब चली गयी, पता नहीं।

उस दिन देर रात तक वह सो नहीं सका। 'क्या मैं सचमुच परदेसी या पराया आदमी हूँ कि मुझे उनके आन्तरिक मामले में दखल देने का कोई अधिकार नहीं है। मैं रोज़ उनके बीच रहता हूँ, खाता-पीता, हँसता-बोलता हूँ। कितनी आत्मीयता और अपनेपन के साथ सबके साथ रहता हूँ। फिर कैसे बाहर का आदमी हो गया मैं? और यदि मैं बाहर का या पराया आदमी हूँ तो अपना कौन होता है? यदि मैं बाहर का आदमी था तो क्यों मैं बिट्टन के लिए चिन्तित था और उसके लिए कुछ करना चाहता था? 'बिट्टन से यह पूछने की मुझे क्या पड़ी थी कि वह अपने पति के साथ क्यों नहीं गयी। ठीक है किताबी परिभाषाओं के अनुसार मैं उनके परिवार का सदस्य नहीं हूँ किन्तु मैं उस परिवार का एक मित्र, शुभचिन्तक तो हूँ। फिर मैं पराया कैसे हूँ? ख़ुद को पराया कहने का मतलब है परिस्थिति से टकराने की बजाये चुपके से बचकर निकल जाना। यदि मैं बचकर निकलना चाहता हूँ तो फिर यह घुलना-मिलना, खाना-पीना, प्रेम सहयोग यह सब क्या है?' रात भर वह यह सब सोचता रहा।

वह जैसे अपराध बोध से दबा जा रहा था और लग रहा था कि बिट्टन के बारे में कोई प्रयास न करके वह ख़ुद उस अन्याय में शामिल हो गया है जो उसके साथ हो रहा है। 'यदि मैं कुछ कर नहीं सकता तो किस बात की सहानुभूति? क्यों धोखा देता हूँ मैं दूसरों को और ख़ुद को भी।' उसने सोचा लेकिन मन ने कहा, 'नहीं, जब मैं इतना नज़दीक हूँ तो मुझे प्रयास अवश्य करना चाहिए।' मन में यह निर्णय ले लेने के बाद वह काफ़ी हल्का हो गया था।

समस्या का समाधान ढूँढ़ने के लिए समस्या की तह तक जाना ज़रूरी था। बिट्टन की ससुराल की पृष्ठभूमि क्या है? दुल्हन बनकर गयी बिट्टन के साथ उनका कैसा व्यवहार रहा? उनका आर्थिक, सामाजिक और नैतिक स्तर क्या है? दोनों परिवारों का परिचय कैसे हुआ था? शादी में मध्यस्थ कौन था? वह कौन-सी बात या घटना है जिसके कारण बिट्टन के माता-पिता बिट्टन को उसकी ससुराल नहीं भेज रहे हैं? इन सब बातों को जानने के लिए उसने बिट्टन और उसके परिवार के लोगों के साथ और ज़्यादा अपनेपन का व्यवहार करना शुरू कर दिया था। बिट्टन की माँ के व्यवहार के बारे में उसने जो कुछ भी सुना और देखा था उसके चलते उसके साथ बात करने का उसका तनिक भी मन नहीं करता था। उसके पापा

वहाँ रहते नहीं थे। इसलिए बिट्टन और उससे भी ज़्यादा उसकी छोटी बहन गुड्डी के साथ वह ज़्यादा आत्मीयता और अपनत्व के साथ बातें करने लगा था।

गुड्डी नौवीं कक्षा में पढ़ती थी। प्रायः रोज़ शाम को वह विकास से गणित और अंग्रेज़ी पढ़ती थी। पहले उसे गुडडी का रोज़-रोज़ किताब-कॉपी लेकर पढ़ने के लिए आ बैठना अच्छा नहीं लगता था और वह प्रायः एक-दो सवाल बताकर उसे जल्दी ही टरका दिया करता था। लेकिन अब वह उसे प्यार से और देर तक पढ़ाने लगा था। गुड्डी भी उसके साथ घुलमिल गयी थी। पढ़ाई-लिखाई के अलावा घर परिवार की भी थोड़ी-बहुत बातें वह गुड्डी से करने लगा था।

इस बीच बिट्टन का पति फिर आया। लेकिन इस बार केवल एक रात ही वह रहा। बिट्टन की माँ ने न उसे ठीक से खाना दिया, न मेहमान की तरह आवभगत की? उल्टे अगले दिन ही उसे यह कहकर भगा दिया, 'तुम्हारा क्या है यहाँ? तुम यहाँ क्यों आते हो?'

'मेरी पत्नी है यहाँ। मैं बिट्टन रो लेने आता हूँ। आप बिट्टन को भेज दीजिए।' उसने अनुनय के स्वर में कहा था।

'नहीं, बिट्टन तुम्हारे साथ नहीं जायेगी। वह तुम्हारी कुछ नहीं लगती। हमारा कोई रिश्ता नहीं है तुम्हारे साथ। मोहल्ले-पड़ोस के लोग सुनेंगे तो बेकार में मखौल बनेगा इसलिए मैं कुछ कहती नहीं थी। लेकिन आज कहे देती हूँ आगे से यहाँ आने की कोई ज़रूरत नहीं है तुम्हें।'

बिट्टन की माँ के इन रूखे और कठोर शब्दों को सुनने के बाद उसने न कोई तर्क किया न विनती। बिना किसी से कुछ भी कहे-सुने वह चुपचाप लौट गया था। यह घटना तब घटी जब बिट्टन स्कूल गयी हुई थी। घर लौटने पर जब उसे यह सब पता चला तो वह बहुत गमगीन हो गयी थी और गुमशुम अपने कमरे में पड़ी रही थी। उस दिन किसी से भी उसने कोई संवाद नहीं किया था।

उस दिन शाम को जब गुड्डी विकास के पास पढ़ने के लिए आयी तो इधर-उधर की बातों से भूमिका बाँधने के बाद उसने गुड्डी से पूछा, 'गुड्डी, आख़िर क्या बात है जो तुम्हारे माँ-बाप बिट्टन को उसके पति के साथ नहीं भेजते?'

गुड्डी भी कोई नासमझ नहीं थी। वह भी ऊँच-नीच को समझती थी इसलिए 'बस यूँ ही' कहकर बात को टालने की कोशिश में वह अपनी किताब के पृष्ठ पलटने लगी।

यही वह नस है जिसको छूकर या दबाकर रोग का पता लगाया जा सकता।

उसने सोचा और गुड्डी की किताब को बन्द कर अधिकारपूर्ण स्वर में उससे पूछा, 'गुड्डी, तुम लोग मुझे अपना नहीं समझते?'

'कितना तो मानते हैं आपको सब लोग, अम्मा, बाबू, दीदी। आपसे ज़्यादा यहाँ किसी को अपना नहीं मानते हम लोग।'

'तो फिर बताती क्यों नहीं मुझे। तुम्हारे अम्मा-बाबू बिट्टन को उसकी ससुराल क्यों नहीं भेजते?'

'वो, जीजाजी ना...ठीक आदमी नहीं है।' सकुचाते हुए गुड्डी ने कहा।

क्या गलत है उनमें? कमाते-धमाते नहीं हैं या कुछ खोने-खिंडाने की आदत है?'

'नहीं, कमाते तो हैं। नौकरी करते हैं।'

'देखने में भी ठीक-ठाक लगते हैं।'

'हाँ, वैसे भी ठीक हैं।'

'फिर क्या कमी है?'

'दरअसल वो ना........।' कहते-कहते वह थोड़ी ठिठकी। चोर सी नज़रों से उसने आस-पास देखा। उस समय वहाँ पर और कोई नहीं था। बहुत धीरे-से उसने अपनी बात पूरी की, 'जीजाजी हमारी जाति के नहीं हैं। वे शेडयूल्ड कास्ट हैं।'

'क्या?...।' गुड्डी के मुँह से यह रहस्योद्घाटन सुन वह चौंक गया था। 'तो असली जड़ यह है।' बिट्टन को उसके पति के साथ नहीं भेजे जाने का असली कारण अब उसकी समझ में आया।' किन्तु, उसने सोचा, 'इस बात से क्या अन्तर पड़ता है कि लड़का किस कास्ट का है। फिर अब तो शादी हो चुकी है। यह बात देखनी थी तो शादी से पहले देखनी थी। अब इस बात का क्या मतलब है।' फिर भी उसने गुड्डी से पूछा, 'क्या शादी से पहले इस बात का पता नहीं था आप लोगों को?'

'नहीं, वह अपने नाम के साथ 'निगम' टाइटल लगाते हैं ना तो उससे यही लगा कि वह भी कायस्थ ही होंगे।'

'लेकिन शादी से पहले लड़के के साथ-साथ उसके घर-परिवार, उसकी सामाजिक पृष्ठभूमि का भी पता लगाया जाता है। क्या आपके परिवारवालों ने उस समय यह पता नहीं लगाया था?'

'नहीं, बालू के एक जान-पहचान वाले अंकल ने परिचय कराया था। वह भी कायस्थ हैं। जीजाजी के दफ़्तर में उनका काम पड़ता था। वह जीजाजी को कायस्थ समझते थे। जब अंकल ने बात चलवाई तो पिताजी ने उनसे जीजाजी की जाति

पूछने की ज़रूरत नहीं समझी थी। फिर पिताजी को भी जीजाजी इतने पसन्द आ गये थे कि उन्होंने और कुछ जानने में कोई रुचि नहीं ली और तुरन्त शादी के लिए हाँ कर दी थी।'

'यह पता, पता कैसे चला कि वह कायस्थ नहीं, शेड्यूल्ड कास्ट हैं?'

'शक तो शादी के समय बारात के लोगों का पहनावा, बोलचाल और तौर-तरीके देखकर ही पड़ गया था। पर असली पता तब चला जब दीदी ससुराल में गयी कि वे लोग कायस्थ नहीं चमार हैं। जीजाजी के पिताजी मोची का काम करते थे।'

'तब तुम्हारी दीदी की क्या प्रतिक्रिया हुई यह जानकर? क्या उसने इस सच को स्वीकार कर लिया?'

'दीदी को यह जानकर बहुत बुरा लगा था, पर उन्होंने किसी से कहा कुछ नहीं। जब तक वह वहाँ रहीं बस गुमसुम-सी रही थीं। जीजाजी से भी उन्होंने कोई बोलचाल नहीं की थी पिताजी जब दीदी को लेने गये तो यह सच्चाई जानकर उनको बहुत दुःख हुआ था। उन्होंने स्वयं को ठगा हुआ सा महसूस किया था। उसी शाम वह दीदी को लेकर वापस लौट आये थे।'

'अब क्या राय है तुम्हारे माता-पिता की? क्या बिट्टन को अब कभी भी उस घर नहीं भेजा जायेगा?'

'जी, वे ऐसा ही कहते हैं।'

'यदि ऐसा है तो फिर तलाक़ दिलवाकर उसकी दूसरी जगह शादी क्यों नहीं कर देते?'

'चाहते तो हैं ऐसा करना। पर बाबू कहते हैं कि तलाक का कोई ठोस आधार होना चाहिए। जाति के आधार पर तलाक़ नहीं माँगा जा सकता। इससे उल्टे हम पर ही जाति उत्पीड़न का केस बन जायेगा।'

'तो क्या बिट्टन की ज़िन्दगी इसी तरह झूलती रहेगी?' गुड्डी के पास उसके इस प्रश्न का कोई जवाब नहीं था। वह सिर्फ़ इतना ही कह सकी, 'पता नहीं।'

'ख़ैर, बिट्टन की क्या राय है?'

'पता नहीं।' उसने फिर वही जवाब दिया।

'फिर भी रात-दिन एक घर में रहते हुए तुम्हें इतना तो पता होगा कि बिट्टन अपने पति के साथ जाने को इच्छुक है या नहीं?'

'पहले तो दीदी भी मना करती थी जाने से, लेकिन अब ऐसा नहीं कहती हैं। वह अब चिड़चिड़ी सी रहने लगी हैं। जब कभी भी घर में इस तरह की बात उठती है तो वह यही कहती हैं, 'वहाँ भेजो या कहीं भी पर मैं यहाँ रहना नहीं चाहती।'

'तो क्या बिट्टन को अपने पति की जाति से कोई शिकायत नहीं है?'

'नहीं, वह तो बस यही कहती है कि उनको ही क्यों दोष दिया जा रहा है। अम्मा-बाबू की भी तो ग़लती है। उनको भी तो पहले ही सब कुछ खोज-ख़बर करनी चाहिए थी। अम्मा-बाबू से वह यही सवाल करती है कि ग़लती उनकी है या आप लोगों की पर सज़ा तो मुझे मिल रही है न, मेरी ग़लती क्या है?

गुड्डी से इतना सब जान लेने के बाद और कुछ जानना बाकी नहीं रह गया था। बिट्टन चाय का कप लेकर आयी तो उस दिन ग़ौर से उसने बिट्टन की ओर देखा और बहुत देर तक उसकी आँखों में उठते प्रश्नों में बिट्टन को खोजता रहा।

बिट्टन की उदास, तन्हा ज़िन्दगी सहारा माँगती है। कोई सहारा नहीं मिलता इसलिए वह खीजती है, चिड़चिड़ाती है, ग़ुस्सा करती है और अन्दर-ही-अन्दर धधकती रहती है। उसे प्यार और ख़ुशी के दो क्षण चाहिए। वह उसकी मदद करे तो कैसे? वह ख़ुद जाति का चमार। बिट्टन के माँ-बाप को वह जाति की निस्सारता और निरर्थकता समझाये तो कैसे? पासी, चमारों के साथ ऊँच-नीच का भेदभाव बरतने के मामले में ब्राह्मणों को भी पीछे छोड़ने वाले उसके माँ-बाप समझेंगे वह अपने लिए समानता की गुहार कर रहा है तो क्या वर्मा जी की बात मानकर वह अपने काम से काम रखे और बिट्टन को उसके हाल पर छोड़ दे? कई दिन तक वह इसी ऊहापोह में उलझा रहा।

बिट्टन को एक पुरुष साथी की ज़रूरत थी। बाज़ार में जाकर पानी के बतासे खाने की माँग रखकर उसने विकास की ओर मित्रता का हाथ बढ़ाया था। सच में तो वह घर से बाहर मिलने का प्रस्ताव था। लेकिन महीनों गुजर जाने के बाद भी उसने बिट्टन के प्रस्ताव पर कोई प्रतिक्रिया नहीं दी थी। जब भी बिट्टन उसके सामने आती वह उसकी ओर देखता ज़रूर था किन्तु कभी बोल नहीं पाता था। उसके मन में ऐसी कोई भावना विकसित भी नहीं हुई थी कि वह बिट्टन से दोस्ती करे। वह तो एक पारिवारिक मित्र और सभी की हैसियत से बिट्टन से सहानुभूति रखता था। इसलिए जब भी बिट्टन उसके सामने आती वह उसके दर्द को महसूस करने की कोशिश करता।

एक दिन वह बरामदे में बैठा कुछ पढ़ रहा था कि बिट्टन बाहर आयी। पहले मेन गेट के पास आकर उसने रास्ते में इधर-उधर देखा फिर धीरे-धीरे उसके पास आकर खड़ी हो गयी और बोली, 'क्या देख रहे हो?'

वह इसके लिए तैयार नहीं था। बिट्टन द्वारा अचानक पूछे गये इस प्रश्न से वह एकाएक सकपका सा गया, 'नहीं, कुछ नहीं, यूँ ही...।'

‘कुछ तो...?’ उसने पुनः प्रश्न किया और फिर विकास को चुप देखकर बोली, ‘बाहर ले जाकर पानी के बतासे खिलाने को तैयार नहीं होते, वैसे घूरते रहते हो।’

वह उसे घूरता है, उसे आश्चर्य हुआ यह सुनकर। मैं उसे घूरता हूँ कि वही घूरती है मुझे कनखियों से। यह अच्छी बात है, उल्टा चोर कोतवाल को डाँटे। उसने मन में सोचा। उसका मन किया कि बिट्टन से कहे ‘क्या कह रही हो तुम। लगता है गलतफहमी हुई है तुम्हें।’ किन्तु तभी उसके मन में दूसरा विचार आया ‘बिट्टन उसे कंजूस सिद्ध कर चिढ़ा तो नहीं रही है।’ और यह सोच मन की बात रोककर उसने कहा, मैंने कब मना किया खिलाने को।’

‘खिलाये भी कहाँ हैं? इतने दिन हो गये कहते हुए।’ बिट्टन ने फिर उलाहना दिया।

उसे लगा जैसे बिट्टन उसे चुनौती दे रही थी। उसने चुनौती स्वीकार करते हुए कहा, ‘अरे पानी के बतासे कौन बड़ी चीज़ है जब चाहे खा लो।’

‘हम तो कभी भी खा लेंगे, आप खिलाने के लिए तैयार होइए।’ और फिर क्षण भर रुककर बोली, ‘कल को खिला दीजिए।’

जिस अनौपचारिकता और सहजता से बिट्टन ने कहा था उसी सहजता से उसने भी कह दिया, ‘ठीक है, कल को खिला देंगे।’

‘तो ठीक है कल मैं आपके दफ़्तर आऊँगी।’ और इतना कहकर वह वापस अपने घर की दहलीज के अन्दर चली गयी।

अगले दिन वह दोपहर बाद विकास के दफ़्तर पहुँच गयी। घण्टों तक दोनों कानपुर की सड़कों पर घूमते-बतियाते रहे। थोड़ी देर में ही उनके अन्दर का सारा संकोच जाता रहा था और उस एक ही मुलाक़ात में वे एक-दूसरे के काफ़ी नज़दीक आ गये थे।

जब तक वह कानपुर में रहा, वे कई बार इस तरह से घर से बाहर मिले और कई-कई घण्टे एक साथ व्यतीत किये। घर के अन्दर बुझी बुझी और बेतरतीब सी रहने वाली बिट्टन घर से बाहर निकलते ही एक दूसरी बिट्टन बन जानी सुन्दर, सलीकेदार, खिली खिली। लगता ही नहीं था यह वही दर्द की गठरी है जिसे वह रोज़ घर में इधर से उधर लुढ़कते देखता था।

धीरे-धीरे बिट्टन के सम्पूर्ण व्यक्तित्व में बदलाव सा आ गया था। घर के अन्दर भी अब वह सहज और सौम्य होकर रहने लगी थी। सबके साथ हँसकर बातें करती। उसका चिड़चिड़ापन ख़त्म हो गया था। उसकी उदास ज़िन्दगी में ख़ुशियों की तरंगें फैलने लगी थीं। लेकिन उसकी यह ख़ुशी थोड़े दिन की ही रही।

विकास के ट्रांसफर ने उसको फिर विरह और विषाद की गर्त में ढकेल दिया था। वह फिर पहले की तरह ठूँठ सी बन गयी थी।

मेरठ आकर वह फिर से परिवार, रिश्तेदार और यारों–प्यारों की दुनिया में खो गया। कुछ दिन तक तो कानपुर की याद आती रही और मन वहाँ जाने को लालायित होता रहा लेकिन जैसे-जैसे दिन बीतते गये यह आवेश ठण्डा पड़ता गया। वर्माजी के साथ पत्राचार होता था। लेकिन उनके पत्रों में बिट्टन या उसके परिवार के बारे में कुछ नहीं लिखा होता था। उसके चले आने के कुछ माह बाद ही वर्माजी भी बिट्टन का मकान खाली कर प्रेमपुरी में अपने मकान में चले गये थे।

कई बार कानपुर जाने की तीव्र इच्छा मन में उठी और उसने जाने का प्रयास भी किया लेकिन किसी न किसी बाधा के चलते हर बार कानपुर जाना टल गया। बिट्टन की याद बराबर आती रहती। 'उसकी ज़िन्दगी की गुत्थी अभी सुलझी होगी कि नहीं।' बराबर वह उसको लेकर यह सोचता रहता। उसका मन बार-बार यह कहता कि एक बार बिट्टन से अवश्य मिले और उससे कहे कि उसे इस तरह अपनी ज़िन्दगी को बरबाद नहीं होने देना चाहिए। उसे थोड़ा साहस करना चाहिए या तो माँ-बाप की परवाह छोड़ वह पति के साथ चली जाये या फिर ख़ुद पहल करके कोई दूसरा जीवनसाथी तलाश करे और अपनी दुनिया को बसाये। वह पढ़ी-लिखी है। उसे अपने जीवन को माँ-बाप की संकीर्ण मानसिकता की भेंट नहीं चढ़ने देना चाहिए।

एक-डेढ़ साल के बाद, बड़ी मुश्किल से, कानपुर जाना हो पाया। वह दफ़्तर के किसी काम से लखनऊ गया था। लखनऊ से कानपुर ज़्यादा दूर नहीं था। 'इतना नज़दीक आकर उसे कानपुर जाये बिना वापस नहीं लौटना चाहिए।' मन में यह विचार आते ही दफ़्तर का काम निपटाकर उसने कानपुर की ट्रेन पकड़ ली थी। उसका मन बहुत उत्साहित था। 'अबकी बार मैं बिट्टन से वह सब ज़रूर कहूँगा जो कानपुर रहते हुए नहीं कह सका था।' बार-बार मन में यह विचार उफान मार रहा था।

वर्माजी, उनकी पत्नी और बच्चे उसे अचानक देख बहुत ख़ुश हुए। घर परिवार की राज़ी-ख़ुशी और हालचाल जानने के बाद इधर-उधर की, बहुत सारी नयी-पुरानी बातें होती रहीं। बातचीत में कोई ऐसा प्रसंग नहीं आया जिसके तार बिट्टन या उसके परिवार से जुड़े हों। पता नहीं ये लोग क्या सोच बैठें इसलिए वह भी संकोचवश सीधे-सीधे बिट्टन के बारे में नहीं पूछ पा रहा था। खाने-पीने से निफराम होकर बैठे तो उसने ही वर्माजी की पत्नी से ज़िक्र छेड़ा, 'और आपके मकान मालिक लोग कैसे हैं, चाची?'

‘पता नहीं। अब उधर को आना-जाना नहीं होता। वैसे भी वह मथचढ़ी औरत बात करने लायक है भी कहाँ।’ मुँह बिचकाते हुए उन्होंने कहा।

हालाँकि उनके स्वर में बेरुखी साफ़ झलक रही थी, किन्तु उसके मन में बिट्टन के बारे में जानने की जिज्ञासा उसे चैन नहीं लेने दे रही थी। उसने बात आगे बढ़ायी, ‘उनकी दो बेटियाँ थीं?’

‘हाँ छोटी वाली गुड्डी दसवीं में पढ़ रही हैं। एक दिन मिली थी अपनी अम्मा के साथ बाज़ार में।’ उनके स्वर में अभी भी बेरुखी-सी थी।

‘और बड़ी वाली, बिट्टन? वह सुसराल गयी या अभी भी....?’

इस प्रश्न पर वह थोड़ी संवेदनशील हो गयी, बोली, ‘बिट्टन!... न वह ससुराल जा पायी, न यहीं रही।’

‘क्यों क्या हुआ? कहाँ चली गयी वह?’ उसे लगा ज़रूर बिट्टन के साथ कुछ अस्वाभाविक या अशोभनीय घटा है। वह विचलित-सा हो गया।

‘बिट्टन मर गयी।’

‘क्या?......... बिट्टन मर गयी? ...... कैसे?’ उसे जैसे उनके शब्दों पर यक़ीन नहीं हो रहा था।

‘हाँ, तीन महीने हो गये उसे मरे हुए।’ वर्माजी की पत्नी ने बताया।

‘लेकिन कैसे मर गयी वह? क्या हुआ था उसको?’ बिट्टन की मौत पर वह अभी भी आश्चर्यचकित था।

‘तेरे जाने के बाद कुछ दिन तक तो वह उदास और खोयी-खोयी सी रही। फिर उसकी मुन्ना के साथ बोलचाल शुरू हो गयी।’ उन्होंने बताना शुरू किया।

‘कौन मुन्ना?’ उसने बीच में ही टोका।

‘वही लफंगा सा, जो कभी-कभी आता था। तूने देखा तो है उसको।’

वर्माजी की पत्नी के याद दिलाने पर उसे याद आ गया एक आवारा किस्म का नशेड़ी-सा लड़का कभी-कभी बिट्टन के घर आता था। शायद उनके दूर के किसी रिश्ते में लगता था। वह बिट्टन की माँ या पिता के साथ थोड़ी देर बोल-बतियाकर चला जाता था।

‘हाँ...हाँ, फिर क्या हुआ?’ वह बिट्टन की मौत का कारण जानने को उतावला सा था।

‘बिट्टन उसके बहकावे में आ गयी और एक दिन उसके साथ चली गयी। वह उसे लखनऊ ले गया। उसके बाद वह कभी नहीं लौटी। लगभग एक महीने बाद

पता चला कि बिट्टन जलकर मर गयी। अब पता नहीं मर गयी या मार दी गयी।' उन्होंने कहा और चुप हो गयीं।

'मर गयी या मार दी गयी, जो भी हुआ हो। पर बिट्टन क्या आज मरी है। बिट्टन तो उसी दिन मर गयी थी जब जाति के कारण उसके माँ-बाप ने उसको ससुराल न भेजकर उसकी ज़िन्दगी को मछली की तरह तपते रेगिस्तान में झुलसकर दम तोड़ देने के लिए छोड़ दिया था। अब तो वह ज़िन्दगी की आशा में केवल हाथ-पैर मार रही थी बस।' फिर भी बिट्टन क्यों मर गयी? यह जानने के लिए उसने पूछा, 'लेकिन क्यों मर गयी वह, कोई कारण तो रहा होगा?'

'कुछ पता नहीं चला। बिट्टन के पापा ख़बर मिलने पर गये थे और अस्पताल में पंचनामा भरकर उसका वहीं पर क्रियाकर्म कर आये थे।'

'और मुन्ना?' उसने पूछा।

'उसका भी कुछ पता नहीं। कोई घर-ठिकाना तो है नहीं उसका, न कोई पक्का, टिकाऊ काम। आज यहाँ, कल वहाँ।'

उसे रह-रहकर बिट्टन के माँ-बाप पर ग़ुस्सा आ रहा था। उसे लगा कि बिट्टन की हत्या का दोषी केवल मुन्ना नहीं, बिट्टन के माँ-बाप उससे कहीं ज़्यादा दोषी हैं जिन्होंने जातीय अहं के चलते बिट्टन की ज़िन्दगी को तबाह किया। यदि वे जातीय संकीर्णता से ऊपर उठ जाते और बिट्टन को उसकी ससुराल भेज देते तो यह नौबत ही क्यों आती कि बिट्टन किसी मुन्ना के साथ भागती। किन्तु अपने ग़ुस्से को दबा जाने के अलावा उसके पास कोई उपाय नहीं था।

जिसको देखने-मिलने के लिए इतनी दूर से आया था, उसके मरने की खबर पाकर उसका मन एकदम उखड़ गया। उसी शाम को वह वापस लौट आया। वर्मा जी ने रुकने के लिए बहुत कहा, 'इतने दिन बाद आये हो। पता नहीं फिर कब आना हो। एक-दो दिन तो रुक कर जाओ।'

लेकिन उचाट मन वहाँ एक पल रुकने को तैयार नहीं था। 'नहीं चाचाजी? इस बार मैं बहुत जल्दी में हूँ। कल को दफ़्तर ज़रूर पहुँचना है। अगली बार आऊँगा तो ज़रूर दो-चार दिन ठहरूँगा।'

धड़-धड़ करती रेल तेज़ी से दौड़ रही थी। वह बाहर आँखें टिकाये खिड़की के पास गुमसुम सा बैठा था। कानपुर पीछे छूटता जा रहा था। अपने चेहरे और आँखों में ढेरों सवाल लिए बिट्टन उसे अपने पास और पास आती दिखाई दे रही थी।

मैत्रेयी पुष्पा

हिन्दी की वरिष्ठ कथाकार मैत्रेयी पुष्पा का जन्म 30 नवम्बर 1944 को अलीगढ़ जिले के सिकुर्रा गाँव में हुआ। इनका आरम्भिक जीवन ज़िला झाँसी के खिल्ली गाँव में बीता। इन्होंने एम.ए. (हिन्दी साहित्य) बुन्देलखंड कॉलेज, झाँसी से किया।

प्रकाशित रचनाएँ: (कहानी संग्रह) *चिन्हार, ललमनियाँ, गोमा हँसती है।* (उपन्यास) *बेतवा बहती रही, इदन्नमम, चाक, झूला नट, अल्मा कबूतरी, विज़न। फैसला कहानी पर टेलीफ़िल्म वसुमती की चिट्ठी।*

पुरस्कार : हिन्दी अकादमी द्वारा साहित्य कृति सम्मान, कथा पुरस्कार (फ़ैसला कहानी पर), *बेतवा बहती रही* पर 'प्रेमचन्द सम्मान' 1995, उ.प्र. साहित्य संस्थान, इदन्नमम उपन्यास को नंजनागुड्डू तिरुमालम्बा पुरस्कार (शाश्वती संस्था, बैंगलूरू), प्रेमचन्द साहित्य सम्मान (उ.प्र. साहित्य संस्थान), वीरसिंह जू देव पुरस्कार (म.प्र. साहित्य परिषद्), कथाक्रम सम्मान, साहित्यकार सम्मान हिन्दी अकादमी, दिल्ली द्वारा सम्मानित।

फ़ैसला

—मैत्रेयी पुष्पा

आदरणीय मास्साब,

सादर प्रणाम!

शायद आपने सुन लिया हो। न सुना होगा तो सुन लेंगे। मेरा पत्र तो आज से तीन दिन बाद मिल पायेगा आपको।

चुनाव परिणाम घोषित हो गया।

न जाने कैसे घटित हो गया ऐसा?

'आज भी ठीक उस दिन की तरह चकित रह गयी मैं, जैसे जब रह गयी थी, अपनी जीत के दिन। कभी सोचा न था कि मैं प्रधान-पद के लिए चुनी जा सकती हूँ।'

'कैसे मिल गये इतने वोट?'

'गाँव में पार्टीबन्दी थी। विरोध था। फिर ...?'

'बाद में कारण समझ में आ गया था, जब मैंने सारी औरतों को एक ही भाव से आनन्दित देखा। उमंगों-तरंगों का भीतरी आलोड़न चेहरों पर झलक रहा था।'

'ब्लाक प्रमुख की पत्नी होने के नाते घर-घर जाकर अपनी बहनों का धन्यवाद करना जब सम्भव नहीं हो सका तो मैं 'पथनवारे' में जा पहुँची।'

'आप जानते तो हैं कि हर गाँव में पथनवारा एक तरह से महिला बैठकी का सुरक्षित स्थान होता है। गोबर-मिट्टी से सने हाथों, कंडा थापते समय, औरतें अक्सर आपबीती भी एक-दूसरे को सुना लेती हैं।'

'हमारे सुख-दु:खों की सर्वसाक्षी है यह जगह।'

'वैसे मेरा पथनवारे में जाना अब शोभनीय नहीं माना जाता।'

'रनवीर ने पहले ही कह दिया था कि गाँव की अन्य औरतों की तरह अब तुम सिर पर डलिया-तसला धरे नहीं सोहतीं। आख़िर प्रधान की पत्नी हो।'

वे प्रमुख बने तो बन्दिशों में कुछ और कसावट आ गयी। और जब मैं स्वयं प्रधान बन गयी तो उनकी प्रतिष्ठा कई-कई गुना ऊँचे चढ़ गयी।

वे उदार और आधुनिक व्यक्तित्व के स्वामी माने जाने लगे। अन्य गाँवों की निगाहों में हमारा गाँव अधिक ऊँचा हो गया। और मैं गाँव की औरतों से दूरी बनाये रखने की हिदायत तले दबने लगी।

पर मेरा मन नहीं मानता था, किसी न किसी बहाने पहुँच ही जाती उन लोगों के बीच।

रनवीर कहते थे, अभी तुम्हारी राजनीतिक उम्र कम है, वसुमती! परिपक्वता आयेगी तो स्वयं चल निकलोगी मान-सम्मान बचाकर।

ईसुरिया बकरियों का रेवड़ हाँकती हुई उधर ही आ निकली थी, आप जानते होंगे, मैंने ज़िक्र तो किया था उसका कि वह कितनी निश्छल, कितनी मुखर है।

यह भी बताया था कि मैं और वह इस गाँव में एक दिन ही ब्याह कर आये थे।

आप हँस पड़े थे मास्साब, यह कहते हुए कि नेह भी लगाया तो गड़रिया की बहू से! वाह वसुमती!

बड़ी चौचीती नज़र है उसकी। जब तक मैंने घूँघट उलटकर गाँव के रूख-पेड़ों, घर-मकानों, गली-मोहल्लों को निहारा ही था, तब तक उसने हर द्वार-देहरी की पहचान कर ली। हर आदमी को नाप-जोख लिया। शरमाना-सकुचाना नहीं है न उसके स्वभाव में।

गाँव के बड़े-बुजुर्गों के नाम इस तरह लेती है, जैसे वह उनकी पुरखिन हो। ऊँच-नीच, नाते-रिश्ते, जात-कुजात के आडम्बरों से सर्वथा मुक्त है।

वह खड़ी-खड़ी आवाज़ मारने लगी, ओ बसुमतिया...! रन्ना की! रनवीर की दुलहन! ओ पिरमुखिनी!

सब हँस पड़ीं।

बोलीं, वसुमती, लो आ गयी सबकी अम्मा दादी! टेर रही हैं तुम्हें। हुंकारा दो प्रधान जी!

वह हाथ में पकड़ी पतली संटी फटकारती, बकरियों को पिछियाती हुई हमारे पास ही आ गयी।

झमककर बोली, पिरधान हो गयीं अब तौ! चलो सुख हो गया।

किसी ने ख़ास ध्यान नहीं दिया।

संटी उठाकर ज़ोर से बोलने लगी, सब जनी सुनो, सुन लो कान खोल कें! बरोबरी का जमाना आ गया। अब ठठरी बंधे मरद माराकूटी करें, गारी-गरौज दें,

मायके न भेजें, पीहर से रुपइया-पइसा मँगवावें, क्या कहते हैं कि दायजे के पीछें सतावें, तो बैन सूधी चली जाना बसुमती के ढिंग।

लिखवा देना कागद।

करवा देना नठुओं के जेहल।

ओ बसुमतिया! तू रनवीरा की तरह अन्याय तो नहीं करेगी? कागद दाब तो नहीं लेगी?

सलिगा ने हमारे हाथ-पाँव तोरे, तो हमने लीलो के लड़का से तुरन्त कागद लिखवाया था कि सिरकार दरबार हमारी गुहार सुनें।

रनवीर को हमने खुद पकड़ाया था जाकर।

उन दिनों सलिगा हल-हल काँपने लगा था। हाथ तो क्या, उलटी-सूधी जुबान तक नहीं बोल पाया कई दिनों तक। हमारे जानें रन्ना ने कागद दाब लिया, सलिगा सेर बनकें चढ़ा आया छाती पर।

बोला, 'जेहल करा रही थी हमारी? हत्यारी, हमने भी सोच लई है कि चाहे दो बकरियां बेंचनी पड़ें, पर तेरे कागद की ऐसी-तैसी...'

संटी फेंककर ईसुरिया ने अपनी बाँहें फैला दीं। सलूका उघाड़ दिया, गहरी खरांचों और घावों को देखकर सखियों के होंठ उदास हो गये। खिलते चेहरों पर पाला पड़ गया, मांस्साब! हँसी-दिल्लगी ठिठुरकर ठूँठ हो गयी!

गोपी ने हँसने का उपक्रम किया।

मुस्कराने का अभिनय करती हुई बोली, क्या बक रही है तू? कोई सुन लेगा तो कह न देगा पिरमुख जी से?

वह तुरन्त दयनीयता से उभर आयी।

सुन ले! सुनाने के लिए ही कह रहे हैं हम। रनवीर एक दिन चाखी पीसेगा, रोटी थापेगा। और हमारी बसुमती, कागद लिखेगी, हुकुम चलायेगी, राज करेगी।

है न बसुमती?

सांची कहना, तू ग्यारह किलास पढ़ी है न? और रनवीर नौ फेल? बताओ कौन हुसियार हुआ?

अब दिन गये कि जनी गूँगी-बहरी छिरिया-बकरिया की नाई हँकती रहे। बरोबरी का जमाना ठहरा। पिरधान बन गयी न बसुमती? इन्द्रा गांधी का राज है। बोलो इन्द्रा गांधी की जै।

गोपी डपटने लगी, सिर्रिन, इन्द्रा गांधी तो कब की मर चुकीं। राजीव गांधी का राज है।

मर गयीं?

चलो, तो भी क्या हुआ। मतारी-बेटा में कोई भेद होता है सो? एक ही बात ठहरी।

क्यों जी, झल्लूस कब निकलेगा? उसे सहसा याद हो पड़ा।

रन्ना पिरधान बना था तब कैसी रौनक लगी थी। माला पहराई थी। झंडा लेकर चले थे लोग। रन्ना ने तो कन्धा-कन्धा चढ़कें परिकम्मा की थी गाँव की?

सरूपी ने उसे फ़िर समझाया, ओ बौड़म रन्ना-रन्ना करे जा रही है? पिरमुख जी सबसे पहले तेरी जेहल कराएँगे।

उसने लापरवाही से सिर झटका, लो, सुन लो सरूपिया की बातें! रन्ना क्या, तेरा ससुर गजराज भी नहीं कर सकता हमारी जेहल। तेरा जेठ पन्ना भी नहीं कर सकता। है न बसुमती!

झुंड में से कोई बोल पड़ी, काहे को मुँह लगती हो इस सरग-पताल के। ओ ईसुरिया, तेरी छिरियाँ, वे निकल गयीं खेत में।

ओ मोरी दइया...! वह संटी फटकारती दौड़ने लगी।

सवेरे की घाम रसोई के ओटले पर रही होगी। चूल्हा जलाकर मैंने तवा रखा ही था। हाथ आटे में सने थे।

कोई छाया-सी द्वार पर दिखी।

सही अनुमान लगाती, तब तक तो आवाज़ आने लगी, ओ बसुमती! बसुमतिया!

ईसुरिया थी।

पंच्याती चौंतरे पर दुरगा बैठा है! पन्ना देख रहा है! तेरी सां बसुमती, सारे पंच तेरी परतिच्छा में! वह खुशी से खिल रही थी।

मैंने तुरन्त कुसुमा को बुलाया। वह बोली, तुम जाओ भाभी, हम बना देंगे रोटी।

सभा में जाने लगी तो औरतें किवाड़ों की झिरी से झाँकने लगीं। शायद यह देखने के लिए कि मैं घूँघट डालकर जा रही हूँ या परदा त्यागकर।

माथे तक साड़ी का किनारा। न घूँघट था, न खुला चेहरा।

रास्ते में गोपी मिल गयी। ईसुरिया को छेड़ने लगी, बसुमती भाभी तो सभा में जा रही हैं, तू कहाँ जा रही है ईसुरिया?

वह तमक गयी, चल! गोपिया की बच्ची! हम बसुमती के सेकटरी ठहरे। सभा में जा रहे हैं। पंचों को टोकते नहीं हैं।

छिरियाँ कहाँ गयीं आज?

छिरियाँ चराने सलिगा चला गया। जान गया अब, कि मरद और औरत बरोबर हो गये, बेटा, अब चलो छिरियाँ चुगाने।

हम चबूतरे के समीप पहुँचने ही वाले थे कि रनवीर आते दिखाई देते।

वे लपकते क़दमों से हमारे पास आकर रुके। मुख पर आश्चर्य की रेखाएँ थीं और नाक तथा होंठ कठोर मुद्रा में अकड़े हुए।

बोले, कहाँ?

उत्तर ईसुरिया ने दिया, पिरमुख जी, हम पंचायत में जा रहे हैं। अगाई छोड़ो। रास्ता दो।

उसके कहे वाक्यों को सुनकर वे मुझसे मुखातिब हुए, घर चलो तुम।

ईसुरिया मुँह बाए खड़ी रह गयी। कुछ ही क्षणों में सँभलकर बोली, टोका-टाकी न करो पिरमुख जी! चलने दो हमें।

रनवीर की त्योरियाँ झुलस आयी।

सुन नहीं रहीं बसुमती तुम?

उनकी आग्नेय दृष्टि मेरे पाँवों को जलाने लगीं। उमंग गतिहीन हो गयी।

ईसुरिया अड़ी खड़ी थी। उसकी ओर मैंने समझदार संकेत किया कि लौट चलने में ही मंगल है।

उसने मुझे विचित्र भाव से घूरा और विवश भाव से मेरे पीछे-पीछे खिचड़ आयी।

लौटकर मैं बरतन समेटने लगी। कुसुमा के अनकहे प्रश्नों का उत्तर मेरे पास नहीं था। घुटन ज्यों की त्यों ठहरी हुई थी सीने में।

ईसुरिया आँगन में बैठी बड़बड़ा रही थी, लो, हद्द हो गयी कि नहीं? हौदा पर तो बसुमती और राज करे रनवीर! अरे, अपनी पिरमुखी संभारें। पिरधानी से अब इन्हें क्या मतलब?

कुसुमा से नहीं रहा गया, मतबल कैसे नहीं है? रामकिसुन कुम्हार से रुपइया वसूल करने हैं। बनीसिंह को बचन दे रखा होगा। भाभी जाती तो क्या मालूम उलटा हो जाता फ़ैसला।

बेचारे रामकिसुन ने छान-छप्पर के कारण अपना बैल बेच डाला था कि बिन छत के कैसे रहे चौड़े में। बनीसिंह राच्छत, पहले तो बैल ख़रीद ले गया और खलिहान उठाते ही आ गया लौटाने। कहता है यह मरघिल्ला बैल उसे नहीं चाहिए। लौटाओ रुपइया।

अब कहाँ से आवें रुपइया? छान बेच दे क्या? छान बिकती है क्या? कौन करे न्याय?

रनवीर तो गरीब को ही मारेंगे। तुम चली जातीं तो बच जाता कुम्हार का।

ईसुरिया भारी क़दमों से लौट गयी अपने घर।

मास्साब, मेरी आत्मा में किरचें चुभती रह गयीं।

लौटकर रनवीर ने ख़ूब समझाया था, पंचायती चबूतरे पर बैठती तुम शोभा देती हो? लाज-लिहाज मत उतारो। कुल-परम्परा का ख़याल भी नहीं रहा तुम्हें? औरत की गरिमा आढ़-मर्यादा से ही है। फ़िर तुम क्या जानो गाँव में कैसे-कैसे धूर्त हैं?

उस दिन के बाद पंचायती चबूतरे से प्रधान की टेर निरन्तर उठती रही। लोग जानते थे कि रनवीर इस बात को पसन्द नहीं करते, फ़िर भी बुलाने चले आते।

मैं ही पस्तहिम्मत थी या कि पति की प्रतिछाया मेरे भीतर निवास करती थी, देहरी उलाँघते ही कोई बरजने लगता, हम हैं तो सही। अब तक भी तो करते रहे हैं। तुम्हें क्या ज़रूरत है बाहर आने की?

उत्तर में मन उफनता। आक्रोश के सवाल की सीमा तक होंठ खुलते, मगर पत्नी होने के नाते सब कुछ सिराने लगता। दूध के झाग-सा बैठ जाता विरोध।

मास्साब, मैंने कितने दिनों तक सोचा था कि दस्तखत नहीं करूँगी। करने दो मनमानी।

रनवीर रजिस्टर लिए चारपाई पर बैठे थे। मैं कामों में उलझी थी। सवेरे का समय वैसे भी खाने-पीने से लेकर दूध-घी की सार-सँभाल में निकल जाता है, ऊपर से मईदारों का कलेऊ-पानी।

वे आवाज़ दे चुके थे, शायद कई बार।

मैं फिर भी खाली नहीं हुई।

सुनो, मैं लिखत-पढ़त कब का निबटा चुका, तुम्हें दस्तखत करने का समय नहीं?

मैं नहीं पहुँची।

वे झल्ला उठे, कब तक बैठा रहूँ? ब्लाक पहुँचना है मुझे। एक हफ़्ते से घुमा रही हो।

धोती के पल्ले से हाथ पोंछती पहुँच गयी मैं। उनके निकट जा खड़ी हुई।

लो, करो दस्तखत, उन्होंने खुला पेन पकड़ा दिया।

तुम सोच क्या रही हो? अभी तक तो बीस बार कर चुकी होती।

मैंने खुला पेन बन्द कर दिया।

आँखों में सवाल का जंगल उग आया। भटकती रही मैं। क्या रनवीर उबार नहीं सकते मुझे? आसपास से नुकीले काँटे यों ही छेदते रहेंगे?

रनवीर इसी तरह चले होंगे अपने प्रधान काल में, या किसी दूसरी तरह। पूछना तो चाहिए न, शायद कोई मार्ग...

रनवीर?

वे मुख खोले देखते रहे।

मजूर आये थे मेरे पास, कहते थे कि अभी तक गारा-पत्थरों की ढुलाई की मज़दूरी...?

गाँव की औरतें ताना देती हैं कि भली हुई तुम प्रधान, अपने द्वारे पर ही पक्का खरंजा करा लिया। अपनी गली ही पत्थरों से जड़ ली। हमसे क्या बैर था बहन कि कीचड़ में ही छोड़ दिये।

बच्चों को स्कूल भेजते डर लगता है, छत आज गिरी कि कल। आपके अलावा कौन सुधरवा सकता है उसे।

कौन कहेगा कि यह पिरमुख का गाँव है? गड्ढों में पानी, पानी में मच्छर। कूड़ा-कचरा। घर-घर जूड़ी-ताप। कुछ दवा-दारू होती। गड्ढों की पुराई, जैसे लालपुर में।

कुछ भी तो नहीं हुआ जवाहर रोज़गार योजना के पैसे से?

रनवीर की आँखें फैलती चली गयीं।

दृष्टि धीरे-धीरे खौलने लगी।

उनके चक्षुओं से ऐसे अग्निबाण बरसने लगे कि मैं खड़ी-खड़ी भस्म होने लगी। मास्साब, मेरे बोल तपते तवे पर पड़े छींटों की तरह जलने लगे।

गाँव की औरतें कह रही थीं या तुम?

ये गाँव की औरतें कब से बोलने लगीं?

प्रधान के कर्तव्य और अधिकार वाली पुस्तिका रटी है क्या?

तुम प्रधान हो कि एम.एल.ए.?

उनके चेहरे को विद्रूप हँसी ने ढाँप लिया।

च् च् च्...! हमसे तो कभी किसी ने कुछ नहीं पूछा और तुमसे इतने ढेर सवाल? रनवीर की भाषा बड़ी तीक्ष्ण थी।

काँपते हाथों से चुपचाप लिख दिया, बसुमती देवी।

दस्तखत!

इस रुपये को जिस दिन हस्ताक्षर करके लायी थी, उन दिनों स्वर्ग के सपनों में विचरा करती थी। चमचमाते स्कूल और पक्की गलियों की चाह थी मन में। वर्षा की रौ में ढहे झोंपड़ों को सँवार देने की आकांक्षा की थी। हाथ पर हाथ धरे बैठे

बेरोज़गारों के घर दुर्दिनों में चूल्हा जलाने की बात सोची थी। बीमारों के दर्द को हरने के लिए कुछ दवा-गोली की साध थी।

'बसुमती देवी' इन छह अक्षरों ने सपनों के घरौंदे का कण-कण आहत कर डाला।

एक वृद्धा ने आकर किवाड़ खटखटाया।

ओ बेटा, बसुमती!

पानी का घड़ा घड़ोंची पर रखती, तब तक रवनीर का छोटा भाई देववीर जा पहुँचा द्वार पर।

क्या है दादी?

बेटा, तनक अपनी भौजाई को भेज।

पंचायत के लिए बुलाने आयी हो क्या?

और काहे को लिवा जायेंगे भइया!

दादी, जाओ यहाँ से। भइया घर पर नहीं हैं। भाभी नहीं जा सकेंगी।

काहे नहीं जा सकेगी? पिरधान नहीं है क्या वह? पंच्यात में तो जाना ही पड़ेगा भइया!

तुम लड़ाई करवाओगी हमारे घर में?

लड़ाई की क्या बात ठहरी बेटा? जे तो पहले ही सोचनी थी तुम्हें।

मैं पौर में आ चुकी थी। बूढ़ी अम्मा ने देख लिया। वे पाँवों में गिर पड़ीं, बेटी बसुमती! लाचारी तो समझ हमारी। फिर हमारे जमाई को छुट्टी नहीं मिलेगी। लाम की नौकरी ठहरी। हमारी बेटी का न्याय-फैसला करवा बहू!

मैं खड़ी-खड़ी उनकी सुनती रही।

बेटी, लड़की का दर्द देखा नहीं जाता अब। बाप राच्छत है। चैन से जीना नहीं बदा हमारे भाग में। कहते-कहते वृद्धा के कोये भीगने लगे। धार बह उठी, झुर्रियों भरे मुख पर।

क्या करती, कोई चारा न था। सान्त्वना थी मेरे पास, सो देती रही, न्याय मिलेगा अम्मा! भरोसा रखो। पंच अन्याय थोड़ेई करेंगे?

उस समय न जाने कैसे निर्णय ले डाला कि ठिठके कदम अम्मा के संग चल पड़े। देववीर रोकता रह गया।

फ़ैसला करवाकर आयी तो अपूर्व तोष में भीगी हुई थी। अनाम आर्द्रता और प्रेमिल निष्ठा के साथ लिया निर्णय। पवित्र मन्दिर-सा लगा था पंचायत वाला चबूतरा, जिस पर बैठकर रुके हुए सड़े जल को जैसे काटकर बहा दिया हो मैंने।

सम्पूर्ण गन्दगी रिता दी हो अपने हाथों से। अब मानो नयी वाटिका का बीजारोपण होगा वहाँ।

रनवीर ने उस रात धीमे से घर में प्रवेश किया। उनका गम्भीर चेहरा दहला देने की हद तक विध्वंसात्मक हो उठा।

मेरे कलेजे को जैसे कोई खुरों से खूँदने लगा।

सनसनाती निस्तब्ध रात में उनका स्वर धीमे से ही बहा, लेकिन भीतर घुला ज़हर मुझे आपादमस्तक नहलाता चला गया।

कचहरी करने का इतना शौक़ था तो बाप से कहकर वकालत पढ़ ली होती! बार-बार मना करने पर भी...!

मुझसे जवाब नहीं बना, उनके कहे वाक्य का।

यह रोज़-रोज़ की नौटंकी! रात-दिन की नाटकबाज़ी! बताओ कब बन्द करोगी? रनवीर ने घर के शून्य में विस्फोट किया।

डर के कारण घिग्घी बँधने लगी। लगा कि पूरी देह में कम्पन की लहरें उठ रही हैं।

अनायास ही बोल पड़ी, मैं अपने आप नहीं गयी थी, अम्मा और उनकी बेटी बुलाने आयी थीं। हरदेई का दुःख कौन नहीं जानता?

सबसे ज़्यादा तो तुम जानती हो।

हरदेई गिड़गिड़ा रही थी, कहती थी कि रनवीर भइया नहीं समझेंगे मेरी पीर। तुम औरत हो भाभी, मेरा दुःख समझो, न्याय करो। पति की लाम की नौकरी है, छुट्टी अब दो साल बाद ही मिल पायेगी, पूरे सात साल निकल गये इसी तरह।

हमारे दादा तो सोचते हैं कि मुझे भेज दिया तो दामाद एक पैसे का मनीऑर्डर नहीं करेगा।

ताले में बन्द कर देते हैं मुझे। इनसे नहीं मिलने देते। अम्मा किसी तरह खोल दें तो पता चलते ही घर में हड़कम्प? गन्दी-गन्दी गालियाँ।

तीन बार शहर जाकर ख़तम कराया है पेट का बच्चा।

तुमने देखे हैं भाभी, ऐसे पिता?

अबकी बेर बचा लो। इनके संग भिजवा दो, तुम्हारा जस नहीं भूलूँगी भाभी, जनम भर। हरदेई रो उठी थी।

मैंने उसकी गुहार फिर भी नहीं सुनी।

यही सोचती रही, काश! तुमने फ़ैसला कर दिया होता।

वे आँखें गाड़कर बोले, कैसा फ़ैसला? जैसा तुम करके आयी हो? जंगल में रह रही है हरदेई? बेटी आप घर कि बाप घर।

वह मलटेरिया कहाँ रखेगा उसे?

कहीं भी। दोनों में प्रेम है तो क्या घर और क्या बन।

वे झटके से उठ पड़े, तो मैं रोक रहा हूँ उसे?

सारी थरथराहट के बावजूद न जाने कैसे शब्द होंठों से झड़ पड़े, मैंने तो सुना है कि उसे हाकिमों के पास उनकी हवस पूरी करने को...

अच्छा? उनकी जीभ लपेटा खाने लगी।

तुमने यह नहीं सुना कि उसके नालायक भाई की नौकरी कैसे लगी? तुम्हें यह नहीं बताया कि उसका बाप सीमेंट की दलाली निधड़क किसकी कृपा से कर रहा है, कि पक्का मकान कैसे उठा है? किस हितू की हिमायत पर हो रहे हैं सारे काम?

मेरा तो उसमें कोई लाभ नहीं?

तुम तो सारी कथा जानते हो। फिर क्यों नहीं छुड़ाते उसे, उसके बाप के फन्दे से?

तुमने छुड़ा तो दी। मेरे ख़िलाफ फ़ैसला इस तरह छीछालेदर।

मेरा ऐसा इरादा कतई नहीं था।

फिर उस दिन कैसा इरादा था, जब रामसिंह को पुलिस पकड़ ले जा रही थी? क्यों भागी थीं पुलिस वैन के पीछे पागलों की तरह। होश खोकर।

क्या कहते होंगे दरोगा जी? क्या सोचते होंगे लोग? यही कि प्रमुख की पत्नी का ऐसा कंजर तरीका!

शरम से गड़ गया न मैं।

आगे ये नाटक रचे तो समझ लेना कि...

सुनो, रामसिंह दोषी नहीं था। निर्दोष को सज़ा?

वे क्रोध से काँपने लगे।

सुन ले! और समझ ले अपनी औकात! मजबूरी में खड़ी करनी पड़ी तू। मैं दो-दो पदवी नहीं रख सकता था एक साथ। सोचा था, पत्नी से अधिक भरोसेमन्द कौन...।

उनके चेहरे पर 'भरोसेमन्द' शब्द कहते हुए ज़हरीली हँसी उतर आयी जो मेरे कलेजे में धार करती चली गयी।

वह पूस की ठण्डी रात थी। शिला की तरह जमा देने वाला शीत। मैं बाहर ही बैठी रही। ठिठुरन से मुख घुटनों में गाड़ लिया। हाथ-पाँव सुन्न होने लगे थे।

मन बड़ा अस्थिर था। लगा कि इसी समय यह घर, यह गाँव, यह धरती-आसमान त्याग जाऊँ, कहीं चली जाऊँ।

आधी रात निकल गयी होगी।

उसी धुन्ध में लगा कि परछाईं निकट को सरकती चली आ रही है। पैछर पर चेहरा उठाकर देखा, रनवीर थे।

वे समीप आ बैठे। सिर पर हाथ फेरते हुए मनुहार करने लगे, चलो भीतर। सोओ चलकर। ठण्ड बहुत है। कहा मानो।

धोती झाड़ती हुई मैं बुत की तरह उठ बैठी, अकड़ी हुई-सी।

न विरोध करने की इच्छा हुई, न उलाहना देने की आत्मीयता जागी। अरागात्मक भावना के चलते अपने आप को ढकेलती रही कमरे के भीतर।

वे समझाते रहे, पति-पत्नी में कोई अन्तर नहीं होता है? पगली, एक-दूसरे के लिए ही जीते-मरते हैं। गाँव वालों को लेकर विरथा अपने मन में क्लेश पाल बैठी।

हमसे जलते हैं सब। देखा नहीं जाता कि पति प्रमुख और पत्नी प्रधान। चाहते हैं कि तुम द्वार-द्वार डोलो। लौंडे-लपाड़े हँसी-ठट्ठा करें। लोगों को कहने का मौक़ा मिले कि रनवीर की घरवाली पराये मर्दों के बीच...

आपको याद होगा मास्साब, जिस दिन मैं प्रधान बनी थी, उस दिन आपने एक छोटी-सी चिट्ठी लिखी थी मेरे नाम। उसमें मेरे सुखद भविष्य की, मेरे पतिपरायण होने की कामना की थी आपने। साथ ही नया सूरज ढूँढ़ने की आस जगाई थी। सम्बन्धों को जीतने की चुनौती भेजी थी। लिखा था, बसुमती, अपने आँगन में सत्य के खम्भे गाड़कर ईमानदारी की छान डालो कि दीन, दलित, त्रस्त, अभिशप्त छाँह पा सकें।

यह कहाँ तक सम्भव हो पाता है, आप भी जानते होंगे।

लेकिन आपकी उस लिखावट ने मुझे विचलित अवश्य कर दिया। मैं भूल गयी मास्साब कि पदवी प्राप्त आदमी छल-बल और आतंक से जिस प्रजा का दमन करता है, उससे मैं अलग नहीं हूँ।

काश, मैं ईसुरिया होती। आढ़-मर्यादा की दीवारों के बाहर मुक्त आकाश तले। कुलीन कही जाने वाली थोथी परम्पराओं के भरम से परे।

काश! रनवीर के पास आभिजात्य की तुरप चाल न होती तो परों को बींधता हुआ यह पिंजड़ा मैं साथ ही उड़ा ले जाती।

भोर होने लगी थी शायद। पंछियों की चिचियाहट सुनकर मैं उठ बैठी। यद्यपि देह में निद्रा और सुस्ती के लक्षण न थे, फिर मन मार निरस्तता के चलते रोम-रोम अनमना था।

चौका-चूल्हा लीप-पोत दिया। कंडे सुलगा दिये।

रनवीर को कुल्ला-दातुन से पहले चाय पीने की आदत बन गयी है।

चाय डालकर कप-प्लेट भीतर ले जा रही थी कि दरवाज़े की ओर से आती चीख-चिंघाड़ आँगन में मँडराने लगी।

ओ रन्ना की दुलहन! ओ बसुमतिया...

अरी बाहर तो आ...

विरथा है तेरी विद्या! खाक है तेरी पढ़ाई! और राख हो गयी तेरी पिरधानी!

यह कातर करुण स्वर!

यह रोदन की लय में छटपटाती ईसुरिया!

विलापात्मक करुणा सनी प्रकम्पित आवाज़...! हाथ में थमा प्याला थरथराने लगा। न जाने क्या हो पड़ा।

अरी जल्दी आ जा! बड़े पीपरा तरें कुआँ में कूद के हरदेई ने पिरान तज दिये। मैं काठ हो गयी।

उलटी तरफ़ भागने लगी रनवीर के कमरे की ओर। टाँगें काँप रही थीं। साँसों में अवरोध टकरा रहा था।

विश्वास नहीं हो रहा था, पर भीतर ही भीतर कोई अदृश्य, अस्पष्ट बसूला आत्मा को छीलने में लगा था।

रनवीर बिस्तर पर नहीं थे।

देह शिला से भी भारी होने लगी। पाँव गतिहीन...। निढाल हुई आँगन में ही बैठ गयी।

किसने उलट दिया निर्णय? रात ही रात में सब कुछ विपरीत कैसे हो गया? पंचों का फ़ैसला रद्द किसने किया? किसने रोका उसे पति के संग जाने से?

ईसुरिया ने मुझे कन्धों से झकझोर डाला, अब बैठी ही रहेगी! आख़िरी समय मुख तो हेर ले! हरदेई तुझे बोट देने गयी थी। झल्लूस में झंडा उठाके चली थी तेरे नाम का।

हाँ, उसकी अनोखी आनबान वाली छवि...आँखों में तिर आयी बसुमती देवी ज़िन्दाबाद! बसुमती भाभी अमर रहें!

ईसुरिया का शोकगीत थमा न था, अच्छा होता बसुमती, हम अपना बोट काठ की लठिया को दे आते, निरजीव लकड़ी को! उठाये उठती तो। बैरी पर वार

तो करती। अतीचालों के विरोध में पड़ती। पर रनवीर की दुलहन, तुम तो बड़े घर की बहू ही रहीं। पिरमुख जी की पतनी। घूँघट में लिपटी पुतरिया-सी चलती रहीं, आँखें मूँद के।

पीपल तले पहुँची।

वहाँ भी क्या हुआ? क्या होना था?

दरोगा, सिपाही और रनवीर, गाँव के मुँह देखा लोग, विराजमान थे वहाँ।

हरदेई के पिता के रोदनमय बयानों पर पुलिसिया कलम चल रही थी दहेज के लोभी पति से मारपीट हुई थी, रात के समय। उसकी बिगड़ी हुई आदतों के चलते हम अपनी बेटी को नहीं भेजते थे उसके साथ। पर होनी को नहीं टाल पाये, दरोगा जी! पिरान खो दिये मेरी हरदेई ने। माँ बेहोस पड़ी है घर में।

ईसुरिया विक्षिप्तों की तरह आगे को भागी, दहाड़ मारकर कहने लगी, ओ दरोगा जी...असल बात तो...

रनवीर ने बात बीच में ही रोक ली, अरे! कहाँ भागे जा रही है तू? न्याय मिलेगा। उस हत्यारे को फाँसी न करवाई तो नाम रनवीर नहीं। जा घर। बसुमती को लिवा जा।

पंचनामा कराके दरोगा जी की जीप में रनवीर सादर बैठे चले गये।

पीछे गर्द-गुबार, धुन्ध में लिपटे लोग त्राहि-त्राहि करते अपने-अपने घरों को लौट लिए।

लौटकर अपने आँगन में, मैं सन्तप्त औरतों के बीच बैठी रही। लग रहा था जैसे इसी घर से अरथी उठी हो।

अनेक अनबूझ प्रश्न अटके थे, आसपास थकी-पथराई आँखों में। पति-पत्नी के पुण्य-पावन सम्बन्ध के नीचे विचलित खगी और शक्तिमान अहेरी का संगमन...

क्या औरतें पहचानती थीं अहंकारात्मक आत्मीयता को? नहीं तो वे मूक-बधिर सी उठकर क्यों चली गयीं?

प्रश्न, न कोई प्रतिप्रश्न!

समय बीतता गया। प्रमुख का चुनाव आ गया।

रनवीर फिर प्रत्याशी थे।

उन्हें दम लेने की फ़ुरसत नहीं थी इन दिनों। मेरे पास भी घर-भीतर का काम बहुत अधिक था। सुबह से जला चूल्हा रात तक ही बुझ पाता। फिर भोजन के अतिरिक्त खाट-बिस्तरों का प्रबन्ध।

आवाजाही के चलते ब्याह-सा मचा था घर में।

रनवीर कहते हैं, गाँव का आदमी इतना भोला नहीं, जितना समझा जाता है। फिर वह, जो राजनीति के चक्रव्यूह भेद चुका हो, वह पारंगत तो शहरी नेताओं को पटखनी खिला दे।

एक-एक प्रधान का नखरा साधना था रनवीर को।

मेरे ख़याल से तहसील भर के प्रधानों ने हमारे घर आकर जुहार किया रनवीर को। चर्चा तो यहाँ तक हुई कि अबकी बार रनवीर, प्रमुख के बाद एम.एल.ए. के लिए खड़े होंगे।

ठीक बात थी। रनवीर बड़े चतुर हैं। बोतल-बीड़ी के निखालिस आधार पर नहीं टिकते। दुआ-सलाम में तो कतई भरोसा नहीं है उनका।

आफत-विपद में काम आने वाले आदमी ठहरे।

दरियापुर वाले इसीलिए उनसे बाहिरे नहीं हो सके। हालाँकि विपक्ष में खड़ा प्रत्याशी उनका रिश्तेदार ठहरा। कारण था, उनको ग्राह के फंदे से भगवान की तरह छुड़ा लाये थे रनवीर। नहीं तो बहू ने तो स्पष्ट बयान दिये थे कि बीस हज़ार नक़द दहेज के कारण जलाया है मुझे।

बाप-बेटा फाँसी के फन्दे पर लटक गये होते, या फिर आजन्म कारावास। रनवीर की कृपा से ही तुर्रेदार साफे का गरूर बरकरार है।

हवा इस तरह की चली कि तीन प्रत्याशी चुनाव के पहले ही घुटने टेक गये। मैदान में केवल एक बचा, वह भी लुहार का लड़का।

नादान था शायद।

रनवीर सुबह ही चले गये।

मेरे लिए शाम को जीप भिजवा दी।

घर का काम था कि सिमटने में ही न आता था। बस किसी तरह पहुँच गयी।

वैसे न भी जाती तो भी क्या अन्तर पड़ता! मैंने तो यही कहा था रनवीर से। वे ही नहीं माने। कहने लगे, लोग हँसेंगे कि प्रमुख जी की पत्नी प्रधान हैं और वोट देने नहीं आयी।

वोट डालकर लौट आयी।

रनवीर रात के समय लौटे थे।

जीप की सर्चलाइट देखते ही गाँव के लोग दरवाज़े की ओर जुड़ आये।

रनवीर सीधे बैठक में आ गये। वे बहुत थके हुए थे; माथे पर पसीने की बून्दें चुहचुहा रही थीं।

पानी लेकर पास जा पहुँची।

वे चुप थे।

लोग उन्हें अस्वस्थ-से देखकर इधर-उधर हो गये।

एकान्त में माथे पर हाथ फेरा तो वे अधिक गम्भीर हो उठे। चेहरा दयनीय हो आया।

थोड़ी देर में ही वे रेत में पड़ी मछली-से तड़पने लगे। समझने को कुछ शेष नहीं था मास्साब, मैं पराजय पर सान्त्वना देने लगी, धीरज रखो। कोशिश करना तुम्हारा काम था, हार-जीत तो लगी रहती है।

दिलासा तो दे रही थी लेकिन मेरा मन भी रुँध-खुँद गया। कभी उनके हाथ सहलाती, कभी पाँव दबाती। भीतर से कुंडी बन्द कर ली।

मास्साब, यह लिखने की बात नहीं है, पति को धीरज देने का हर सम्भव प्रयत्न किया था मैंने। मन से मन और देह से देह मिलाकर, ताप हरना चाह रही थी उनका।

वे एकालाप में डूबे थे, वे कौल, वे करार, वह गंगाजली उठाकर सौगन्ध खाना सब भ्रम था बसुमती?

एक धोखा?

उन्हीं अन्तरंग क्षणों में बाहर बतियाता देववीर का स्वर मेरे कानों पर हावी हो गया, अगर एक बोट और होता तो भइया हारते नहीं। उस लुहरटा के बराबर आ जाते।

एक बोट!

विश्वास नहीं कर सकी मैं।

सहसा मेरे भीतर सब कुछ डाँवाडोल होने लगा।

ओ मेरे अग्नि देवता! ओ सप्तपदी दिलाने वाले महापंडित! ओ मेरे जननी-जनक! और मास्साब आप, मेरे गुरुवर...आपने मुझे सुख-दु:ख की सहभागिनी, अर्धांगिनी, सहचरी बनाकर रनवीर की पत्नी के रूप में विदा किया था।

लेकिन मैं क्या करती?

अपने भीतर की ईसुरिया को नहीं मार सकी।

क्षमा करना।

आपकी

बसुमती

रत्नकुमार सांभरिया

6 जनवरी 1956 को भाड़ावास रेवाड़ी (हरियाणा) में जन्मे रत्नकुमार सांभरिया समकालीन दलित लेखकों में एक चर्चित कहानीकार के रूप में प्रसिद्ध हैं। समकालीन साहित्य के दलित कथाकारों में रत्न कुमार सांभरिया जनवादी उत्पीड़न को लेकर सर्वहारा वर्ग की वकालत करते हैं, जो सामाजिक पाखण्डों का हिस्सा बना है। उनका प्रकाशित साहित्य सही अर्थों में विचार प्रदत्त तो है ही साथ ही विचारधारा प्रधान भी है। हर साहित्यकार सत्यान्वेषी होता है वह सत्य के अन्वेषण में मनुष्य को सत्य के ठोस धरातल पर खड़ा करना उनका मुख्य उद्देश्य होता है। जिसमें रत्नकुमार सांभरिया का अपने भावानुभव को ग्राम्य परिवेश और सामाजिक सरोकारों से गहराई तक जोड़ा है। रत्नकुमार सांभरिया मूलतः दलित लेखक रहे हैं। अतः उनके साहित्य में दलित उत्पीड़न के साथ ही अम्बेडकरी विचारधारा की चेतना निरन्तर बनी रहती है। डॉ. अम्बेडकर जी का 'पढ़ो-जुड़ो-लड़ों' का नारा उन्होंने अपने साहित्य में पिरोया है। साथ ही उन्होंने बेनकाब करने का प्रयत्न भी सफलता से किया है। उनके पात्र डॉ. अम्बेडकर के सन्देश पर चलने वाले पात्र हैं। सांभरिया जी ने सामाजिक अन्तर्विरोधों, सामाजिक बदलाव और सामाजिक सम्बन्धों को ठीक ढंग से पहचाना है और इसी पहचान को उन्होंने अपने साहित्य में अभिव्यक्ति दी है।

प्रकाशित कृतियाँ : (कहानी संग्रह) *हुकुम की दुग्गी, काल तथा अन्य कहानियाँ* (एकांकी संग्रह) *समाज की नाव* (लघुकथा संग्रह) *बांग और आत्म लघुकथाएँ*।

पुरस्कार : नवज्योति कथा सम्मान सृजनात्मक पुरस्कार, 2007।

फुलवा

—रत्न कुमार सांभरिया

रामेश्वर के हाथ में काग़ज़ का एक पुर्ज़ा है, वह कॉलोनी की गली-गली गाह रहा है, दोपहर से। उसे पं. माताप्रसाद का मकान नहीं मिला। समूचा गाँव पण्डित जी की ढोक देता था, शहर बौने हो गये। ऐसे बौने कोई जानता नहीं है। जिससे पूछो वही प्लॉट नम्बर पूछता है, उनका। प्लॉट नम्बर न हुआ कि पण्डित जी का पतरा हो गया। कारज सधता ही नहीं है उसके बग़ैर।

जिस ससुरी बात का रामेश्वर टेंटुआ दबाये था, वही बात उसके सिर पर चढ़कर बैठ गयी थी। शहर आकर शहरी हो जाना चाहिए। रात निकलते देर लगती है। फुलवा भी इसी कॉलोनी में रहती है। उसके लड़के का पूरा पता है रामेश्वर की जेब में। उसने जेब से दूसरा पुर्ज़ा निकाल लिया। एक युवक गेट के सामने अपना स्कूटर खड़ा कर रहा था। रामेश्वर दो क़दम आगे बढ़ा। काग़ज़ पढ़कर युवक ने रामेश्वर को सिर से पैर तक ताका। शख़्सियत के नाम पर 42-43 के दरमियान उम्र, मध्यम काठी, गेहुँआ रंग, खुंचियायी श्वेत-श्याम दाढ़ी मूँछें, कानों में सोने की भारी-भारी मुर्कियाँ। दोलांघी धोती और कुर्ता, सिर पर छींट का गुमटीदार साफा। साफे का छोर उसकी कमर के पृष्ठ भाग को स्पर्श करता था। रामेश्वर को चिन्ता और परेशानी में डूबा देखकर युवक ने उससे पूछा, 'राधामोहन साहब के घर जाना है तुम्हें ?'

'जी बाबू साब।' रामेश्वर के स्वर में चिन्ता, उदासी और आज़िजी थी। उसने बगल में दबाये बैग को हाथ में ले लिया था।

"कुछ लगते हो उनके ?"

"लगता तो नहीं हूँ। उसके गाँव का हूँ।" रामेश्वर ने पतले कण्ठ से उत्तर दिया।

युवक स्कूटर स्टार्ट करते हुए बोला, "वे चौथी गली में रहते हैं। बादल आ जायेंगे। स्कूटर पर बैठिए। मैं छोड़ आता हूँ तुम्हें।"

रामेश्वर का सिर भिन्ना उठा। पण्डित जी को कोई नहीं जानता, फुलवा के छोरे को पोर-पोर जानता है। स्कूटरवाला उसे एक कंगूरेदार आलीशान कोठी के सामने छोड़कर चला गया था। रामेश्वर को आश्चर्य ने झिंझोड़ा। फुलवा की कोठी है यह? उसने हौले-हौले गेट बजाया। बाहर बरामदे में बैठी एक बुढ़िया वहाँ आ गयी थी। मुटाई देह। गोरे चेहरे पर पड़ी झुर्रियों में कान्ति दीपदीपा रही थी। उसकी आँखों पर चश्मा था और वह धुली हुई साड़ी पहने थी। उसने साड़ी को सिर पर लेते हुए गेट खोला। फुलवा थी वह। न रामेश्वर फुलवा को पहचान पाया, न फुलवा रामेश्वर को पहचान पायी। दोनों एक-दूसरे को अजनबीपन से टुकुर-टुकुर देखते रहे। फुलवा ने नाक के सिरे तक चश्मा लाकर देखा, लेकिन वह उसे पहचान नहीं पायी।

रामेश्वर ने आँखें सिकोड़ीं, 'फुलवा।'

'कौन ? रामेश्वर ?'

'हाँ भाभी।'

फुलवा ने माथे पर थपकी मारी, 'हाय राम, गाँव से आयी। तो मुटियार थे। बुढ़ा गये हो पन्द्रह साल में ही। अन्दर आइए न।' फुलवा फूली नहीं समा रही थी। उसके घर-गाँव के ज़मींदार के कुँवर आये थे।

वह दुर्दिन था। फुलवा का पति ज़मींदार के एक बिगड़ैल बैल को सीधा कर रहा था। नकेल ढीली पाते ही उस गुस्सैल बैल ने उसके पेट में सींग डाल दिया। वह तड़पा, फड़फड़ाया। फुलवा की माँग पुँछ गयी थी। फुलवा का बेटा राधामोहन दसेक साल का था तब। टहलुवाई फुलवा को उत्तराधिकार में मिल गयी, जैसे साहूकार को साहूकारी मिल जाती है, ज़मींदार को ज़मींदारी। दो पेट थे। वह ज़मींदार के घर घास छीलती। पानी भरती। पशुओं का चारा-पानी करती।

बाहर बेंत की कुर्सियाँ और टेबल पड़ी थीं। फुलवा एक कुर्सी पर बैठ गयी, उसने दूसरी कुर्सी की ओर इशारा किया, 'बैठिएगा रामेश्वर जी।'

रामेश्वर कुर्सी पर बैठ गया था। सफेद रंग के छबरैल से दो कुत्ते अन्दर से आये। उन्होंने रामेश्वर को सूँघा और उसके मुँह की ओर देखकर सूँ-सूँ करने लगे। उसने पाँव ऊपर उठा लिए और डर से गठरी हो गया। फुलवा ने कुत्तों को डपटा, 'पम्पी, मीनू अन्दर जाओ। वे तो रामेश्वर जी हैं, गाँव के ज़मींदार। मेहमान हैं अपने।' दोनों कुत्ते किसी समझदार बच्चे की भाँति वहाँ से चले गये थे। रामेश्वर का

वहम यथार्थ में तब्दील हो गया था। फुलवा किरायेदार नहीं, मालकिन है कोठी की। जात्याभिमानी रामेश्वर डाह से सुलगने लगा था।

फुलवा रामेश्वर की ओर देखकर उठ खड़ी हुई थी। उसने सामने के कमरे का जालीदार किवाड़ खोला और रामेश्वर को अन्दर ले गयी, कोठी में दस-बारह कमरे हैं। दीवारों पर डिस्टेम्पर है। संगमरमर बिछा है। फ़र्श देखकर रामेश्वर की आँखें चुँधिया गयीं। उसकी घरवाली काँसे की थाली भी साफ़ नहीं करती है, ऐसी तो। फुलवा के परिवार में पाँच सदस्य हैं। फुलवा, उसका बेटा राधामोहन, बहूरानी एक पोता और एक पोती।

फुलवा की ख़ुशी के डैने फैले थे। हवा में तिरने लगी थी वह। वह कोठी की एक-एक चीज़ रामेश्वर को दिखाएगी। ऐसी चीज़ें, जो गाँव के ज़मींदारों और बनिये, बाभनों के भी घरों में शायद ही हों। वह रामेश्वर को लाउंज में ले गयी, वहाँ डाइनिंग सेट पड़ा था। सफेद सनमाइका टेबुल पर रामेश्वर ने झुककर देखा, टेबुल के भीतर भी। नाक तक तरह आया चश्मा ठीक करके फुलवा ने उसे बताया, 'रामेश्वर जी, शाम को हम सब यहीं बैठकर भोजन करते हैं। मेहमान भी यहीं भोजन करते हैं। आज रात तुम भी यहाँ बैठकर भोजन करोगे।'

रामेश्वर को सुई-सी चुभी। उसके यहाँ तो मेहमानों के लिए चटाई बिछती है। फैल भी रहा था। वहाँ रखे फ्रिज को उसने खोला। फ्रिज में पानी की ठण्डी बोतलें, कोल्ड ड्रिंक्स, जाम, सेब, सन्तरे आदि रखे हुए थे। एल्युमिनियम के बॉक्स के चौकोरों में बर्फ़ के टुकड़े थे। फुलवा ने बॉक्स निकालकर रामेश्वर से कहा, 'इन खानों को पानी से भर देते हैं। पानी बर्फ़ बन जाता है। हम तो दूध की कुल्फी भी फ्रिज में ही जमाते हैं।'

पास ही मिक्सी रखी थी। रामेश्वर की जिज्ञासु आँखें जब उस पर टिकी रहीं, तो फुलवा ने उसे बताया, 'यह मिक्सी है रामेश्वर जी। इसमें आम, सन्तरा, अंगूर, गाजर और टमाटर का रस निकालते हैं, चूरमा भी आँख के सुरमा की मानिन्द ही महीन हो जाता है इसमें।'

फुलवा रामेश्वर को रसोई में ले आयी, संगमरमर से बनी रसोई, कीमती बर्तनों से अटी पड़ी थी। रसोई देखकर रामेश्वर की आँखें वहीं-की-वहीं गड़ी रह गयीं। गैस थी। फुलवा ने लाइटर उठाया और बटन चालू करके चूल्हा जला दिया। रामेश्वर के यहाँ चूल्हा फूँकते उसकी घरवाली की आँखें झरने लगती हैं। फुलवा का चूल्हा पलक झपकते ही धधक उठा। फुलवा ने गैस बन्द कर दी थी। वहाँ नल लगा हुआ था।

उसने नल खोला तो गल्ल-गल्ल पानी कूदने लगा। फुलवा ने उसे बताया, 'चौबीस घण्टे पानी आता है हमारे नल में।'

सोलह-सत्रह साल की जेहन में पड़ी बात रामेश्वर को याद आ गयी थी। फुलवा की जातवालों को ज़मींदारों के कुएँ पर चढ़ने की मनाही थी। वह जिस कुएँ से पानी लाती थी, वह आधा कोस दूर था उसके घर से। रामेश्वर कुएँ पर नहा रहा था। फुलवा कुएँ के पक्के धर के नीचे खड़ी थी, मटका लिए। वह रामेश्वर को बार-बार हाथ जोड़ रही थी, 'आज मुझे गाँव जाना है रामेश्वर जी। दो बाल्टी पानी उड़ेल दो मटके में।'

फुलवा का बार-बार रामेश्वर कहना रामेश्वर को काट गया था। उसने ग़ुस्सा कर मटके पर थूक दिया। फुलवा ने मटका वहीं फोड़ दिया और रोती आँखें लिए घर आयी थी। एकाएक फुलवा की पिपनियाँ गीली हो गयी थीं। मानो उसे भी वही घटना याद हो आयी थी, जैसे दो हाथ एक ही समय गुल्लके में पड़े हों। समय सौदागर है। रामेश्वर आज भी उसी कुएँ से पानी भरता है। फुलवा की रसोई में भी नल है।

रामेश्वर को साथ लेकर वह एक कमरे में गयी, वहाँ उसकी पोती पढ़ रही थी। बॉब स्टाइल में कटे बाल। स्कर्ट और ब्लाउज में बैठी वह षोडशी रामेश्वर की आँखों की किरकिरी बन गयी। फुलवा की पोती के जोड़ की एक भी लड़की नहीं है उसके गाँव में। निकलते क़द की यह लड़की कितनी ख़ूबसूरत है। लड़की ने पढ़ाई छोड़कर रामेश्वर को नमस्कार करने की औपचारिकता की और पुनः पढ़ने लग गयी, वह क्रोधित हुआ, उसे देखकर फुलवा की पोती खड़ी नहीं हुई, दूसरे कमरे में फुलवा का पोता अध्ययनरत था। अपनी दादी माँ के साथ आया देखकर रामेश्वर को उसने नमस्कार किया और अपने काम में जुट गया।

फुलवा रामेश्वर को अब अपने कमरे में ले आयी। उस बड़े कमरे में दो पंखे लगे थे, कूलर भी था। दो पलँग पड़े थे। कूलर ऑन करके वह रामेश्वर से बोली—'मैं तो कभी-कभार ही चलाती हूँ इसे। शरीर चिपचिपा हो जाता है।' कूलर बन्द कर दिया था फुलवा ने।

फुलवा की बात सुनकर रामेश्वर क्रोध से उबल पड़ा। इसका मुँह नोच लूँ। कैसे चोंच चुभला रही है फुलवा की बच्ची। खेत में तो खूड़ों में लेटकर नींद निकाल लेती थी। आज कूलर से शरीर चिपचिपाता है। फुलवा ने जब रामेश्वर को ठेला, तो वह चौंक पड़ा। वह उसे मेहमानों वाले कमरे में ले गयी, कमरे की भव्यता देखकर रामेश्वर का रोम-रोम सुलग उठा। वह कमरा क्या था, बड़ा-सा एक हॉल था।

उसमें दो डबल बेड बिछे थे। उन पर मोहक बिस्तर लगे थे। ऐसे मोहक कि उँगली लगे तो मैले हो जायें। एक तरफ़ कलर टी.वी. रखा था। स्टडी टेबल थी। दो-तीन कुर्सियाँ पड़ी थीं, अन्दर ही बाथरूम था। फुलवा बोली, 'रामेश्वर जी रात को तुम यहीं सोओगे। यह कलर टी.वी. है। तुम्हें भाए, तो चला लेना।'

फुलवा की कोठी में अनगिनत चीज़ें थीं जो क़ीमती और अनूठी थीं। वह उन सभी चीज़ों के बारे में आज ही नहीं बतायेगी रामेश्वर को। वह एक-दो दिन यहीं रोकेगी उसे। शहर भी दिखाकर लायेगी, गाड़ी में बिठाकर। वह छत की सीढ़ियों के पास आयी थी। उसने रामेश्वर से कहा, "रामेश्वर जी, आओ, छत पर चलते हैं।" वह शरीर है और ज़्यादा चलने-फिरने से उसकी पिण्डलियाँ दर्द करने लगती हैं। चार सौ वर्ग गज़ की कोठी पर छत थी। रामेश्वर की आँखें मिचमिचा गयीं। यह तो छत क्या, मैदान है। उसकी हवेली का जितना आँगन, फुलवा के घर की उतनी छत। रामेश्वर ने माथा पीटा, 'समय-समय की बात है। बरसात के दिनों में एक दिन झँझावत आ गया था। फुलवा की छान उड़कर बिखर गयी थी। तब उसने ही पचास पूले गिनकर उसे दिये थे कि छान सँवरवा लेगी।'

फुलवा रामेश्वर को साथ लेकर अब ड्राइंगरूम में आ गयी थी। उसे ड्राइंगरूम कहना ही नहीं आता है। वह उसे बैठक ही कहती है, जैसे गाँव में कहते हैं। गाँवों में मेहमानों और आये-गये के लिए होती है बैठक। ड्राइंगरूम में सोफा सेट पड़ा था। बीच में ग्रेनाइट की सेंटर टेबल रखी थी। स्टूल पर फ़ोन रखा था। दीवारों पर लड़की की जीवन्त कलाकृतियाँ टँगी थीं। तीन ओर दीवारों में तीन आलमारियाँ थीं, जिन पर काँच के फ्रेम जुड़े थे। उनमें भाँति-भाँति की आकर्षक मूर्तियाँ रखी थीं, आमने-सामने पेंटिंग के बोर्ड लगे थे। फ़र्श पर क़ीमती मखमली कालीन बिछी थी। फुलवा बोली, 'रामेश्वर जी, यह अपनी बैठक है।' उसने सोफ़े की ओर संकेत करके उससे कहा, 'बैठिए रामेश्वर जी।'

रामेश्वर जब सोफ़े पर बैठा तो छह इंच नीचे धँस गया था। दुःख से झुलसी फुलवा के बदन पर फफोले पड़ गये थे। आज वह इतनी बड़ी कोठी में सुख से भरी बैठी थी। उसे अतीत स्मरण हो आया था। फुलवा के कच्चे घर की छान पर फ़ूस नहीं होता था। सूरज सारे दिन उसके घर में रहता था। बरसात बाहर भी होती थी और घर में भी। पानी निकालते उसके हाथ टूटने लगते थे। बेदर्द जाड़ा दिन-रात घर में घुसा रहता था। फुलवा ने चश्मा सरकाकर ड्राइंगरूम को निहारा। आत्मविभोर हो उठी वह। उसकी आँखों में पानी उतर आया था। उसने उँगलियों से आँखें पोंछकर रामेश्वर से पूछा, 'रामेश्वर जी, कितने बच्चे हैं तुम्हारे ?'

रामेश्वर ने बताया, 'तीन लड़कियाँ और दो लड़के हैं। अब तो बड़े लड़के को भी लड़का हो गया है फुलवा।'

फुलवा सोचने लगी, दो-एक दिन में जब रामेश्वर जी गाँव जायेंगे तो वह उसके थैले में खिलौने रखवा देगी। ऐसे खिलौने पड़े हैं, जो चाबी भरते ही दौड़ते हैं, बोलते हैं। गाँव दौड़ेगा देखने, फुलवा ने भेजे हैं, ऐसे भागते-दौड़ते बतियाते खिलौने। बच्चों की एक बग्गी भी पड़ी है अटाले में उसे वह भी रामेश्वर को दे देगी। पोता खेल लेगा।

सोफ़े पर बैठा रामेश्वर बार-बार उकस रहा था, मानो उसके नीचे कुछ सुलग रहा हो। उसने सूखा मुँह चुभलाया और जेब से बीड़ी माचिस निकाल ली। बीड़ी जलाकर उसने तीली कालीन पर पटक दी और उसके ऊपर अपनी जूती रख दी। उसने बीड़ी पीकर जलता टोटा वहीं पटक दिया था। उसे मालूम था कि फुँकी हुई बीड़ी-सिगरेट तीली टेबल पर रखी ऐश-ट्रे में डालते हैं, लेकिन उसने ईर्ष्यावश ऐसा किया था। फुलवा चौकी, 'रामेश्वर जी, बीड़ी सुलग रही है। कालीन जल गया हो शायद।'

रामेश्वर ने गर्दन हिलाई, 'नहीं फुलवा भाभी, जूती से रगड़ दिया है मैंने उसे।'

फुलवा उठी, उसने टोटा उठाकर ऐश-ट्रे में पटक दिया था। बोली, 'अच्छा नहीं लगता है।'

फुलवा ने आवाज़ लगाई, 'कुँवर।'

पच्चीस-छब्बीस साल की एक महिला वहाँ आकर खड़ी हो गयी थी। बदन सुता हुआ था। रंग साँवला था। चेहरे पर चेचक के दाग ज़रूर थे, लेकिन बहते पानी की तरह साफ़ था। उसकी लाल साड़ी पर हरी बूँदें थीं। वह साड़ी का पल्लू माथे तक सरकाकर फुलवा की ओर देखने लगी थी। फुलवा ने उससे कहा, 'कुँवर, दो बढ़िया कॉफ़ी बनाना और बर्फ़ी , नमकीन और गोंद के लड्डू संग ले आना।'

कुँवर लौट गयी थी। रामेश्वर ने साफा हटाकर सिर खुजलाया तो कई दिनों से अनधुले उसके सिर से रूसी उड़ने लगी थी। उसने पुनः साफा सिर पर रख लिया था। वह गम्भीर होता चला गया था। फुलवा चालाक निकली। इससे सौ पापड़ बेल लिए, लेकिन राधामोहन के हाथ से किताब नहीं छूटने दी, वरना उसकी हथेली तले हमारा हल होता।

फुलवा ने चोंगा उठाया और नम्बर घुमाकर बोली, 'हैलो, कौन, राधामोहन?'

'हाँ, माँ।'

'बेटे, रामेश्वर जी आये हैं। जल्दी आ जाना घर पर।' फुलवा ने फ़ोन रख दिया था।

रामेश्वर की त्योरियाँ चढ़ गयी थीं, 'बावली-सी फुलवा में इतना सयानापन आ गया है, फोन भी कर लेती है।'

कुँवर दो गिलास पानी रख गयी। वह कॉफ़ी, बर्फ़ी, नमकीन और गोंद के लड्डू ले आयी थी। खड़ी रहकर उसने फुलवा के अन्य किसी आदेश का इन्तजार किया और लौट गयी। कुँवर की ओर देखकर रामेश्वर फुलवा से मुखातिब हुआ, 'बइ है तेरी ?'

फुलवा ने बताया, 'नहीं रामेश्वर जी, बहू नहीं है। नौकरानी है अपनी। कुँवर नाम है इसका। हमने तो आज तक बेचारी से पूछा नहीं कि किस जात की है। ख़ुद ही कहती है, राजपूत हूँ। गाँव में छत्तीस फाँक हैं। शहर में दो ही जात होती हैं, अमीर और गरीब। एक दिन कुँवर गेट के सामने आँखों में आँसू भरे खड़े सुबक रही थी। जब मैं वहाँ गयी तो यह मेरे पाँवों पर गिर पड़ी। सिसकियाँ और सुबकियाँ रुक नहीं पा रही थीं इसकी। बोली, 'अम्बा जी, दुखिया हूँ, भीख नहीं माँगूँगी। नौकरानी रख लो मुझे।'

फुलवा ने आँखों से चश्मा उतारकर अपने हाथ में ले लिया। कहने लगी— 'रामेश्वर जी दया आ गयी मुझे और मैंने इसे रख लिया। पाँच-छह साल का एक लड़का भी है उसके साथ। आज उसका जी ठीक नहीं है। अन्दर सो रहा होगा।' फुलवा ने विषाद भरे अपने कण्ठ को खँखारकर कहा, 'आदमी कितने बेदर्द होते हैं रामेश्वर जी, कुँवर अनपढ़ है। इसका पढ़ा-लिखा आदमी अफ़सर बना कि कुँवर उसके मन से उतर गयी। उसने किसी पढ़ी-लिखी लड़की से शादी कर ली है। बेचारी कुँवर न कोर्ट जानती है, न कचहरी जानती है।'

फुलवा ने आँखों पर चश्मा फिर चढ़ा लिया और एक आह भरी, 'औरत का विश्वास? कुँवर रोज़ माँग भरती है और रोज़ रोती है। अब तो कुँवर मेरी बेटी-सी है।'

रामेश्वर शर्म और ग्लानि से नीचे धँसता चला गया था। इतनी बड़ी जात की औरत, फुलवा-जैसी छोटी जात के घर नौकरानी और वह भी उस फुलवा के घर, जो खुद थेंगली जैसी बेस्वाद ज़िन्दगी जीती थी। दूसरे ही क्षण उसने अपनी छाती पर रखा पत्थर खुद सरका दिया, 'आड़े वक्त आदमी असहाय हो जाता है। एक समय राजा हरिश्चन्द्र ने भी नीची जाति के घर पानी भरा था।'

कॉफ़ी, बर्फ़ी, नमकीन और लड्डू सब रामेश्वर के सामने रखे थे। उसका मन बार-बार ललचा रहा था। खा-पीकर चटकर जा, क्या धरा है, जात-पात जैसी छोटी बातों में? उसका धर्म आड़े आ गया था। उसने दो-तीन लम्बी साँसें लीं और पूछा, 'फुलवा, पण्डित माता प्रसाद जी की कोठी भी तो इसी कॉलोनी में है न?'

'हाँ, उनका मकान यहाँ से दो-तीन गली आगे है। तुम कुछ खा-पी लो।'

रामेश्वर ने बहाना बनाया, 'क्या बताऊँ भाभी, मैंने दाढ़ निकलवाई थी कल। दर्द से दोहरा हुआ जा रहा हूँ।'

'मैंने भैया को फोन कर दिया है। वे आते ही होंगे। उनसे मिल लेना। वे बड़े अफ़सर हैं। कोई काम हो, तो बता देना बेझिझक।'

रामेश्वर के गाल पर जैसे तमाचा-सा पड़ा। उनकी चिरौरी करते फुलवा का मुँह बिसुरा रहता था। आज वह उसी फुलवा के बेटे से अपने बेटे की नौकरी की सिफ़ारिश करेगा। अरे, चुल्लू भर पानी में डूबकर मर जायेगा रामेश्वर सिंह।

सोफ़े पर बैठा रामेश्वर जब बार-बार उकसने लगा तो फुलवा ने आवाज़ लगाई—'कुँवर।'

कुँवर दौड़ी-दौड़ी आयी—'हुक्म अम्मा जी !' वह खड़ी होकर फुलवा की ओर देखने लगी थी।

'बहू रानी को भेजना, रामेश्वर जी से मिल लेगी।'

सन्ती गोरी-चिट्टी थी। बदन छरहरा था। गुलाबी रंग का सूट उसकी देह पर खूब फब रहा था। उसके हाथों में सोने के कड़े, कानों में सोने के टॉप्स, गले में सोने का मंगल-सूत्र था। उसके केश में सोने की क्लिपें खुँसी थीं। छत्तीस-सैंतीस की उम्र में भी वह पच्चीस की लगती थी। फुलवा ने उससे रामेश्वर का परिचय कराया, 'बहू रानी, ये रामेश्वर जी हैं, अपने गाँव के ज़मींदार।'

सन्ती ने रामेश्वर को नमस्कार किया। थोड़ी देर वह खड़ी रही और फिर लौट गयी। रामेश्वर दाँत घिसने लगा था। उसकी आँखें चढ़कर सुर्ख़ हो गयी थीं। वह तो सोचकर बैठा था कि बहू गज भर घूँघट में आकर उसके पाँव छुएगी। आयी है, जैसे गाँव की छोरी हो। न आदर, न मान। अगर ऐसी बेहूदगी गाँव में ही होती तो उसका झोंटा पकड़कर खींचता और...

फुलवा ने रामेश्वर के मन की बात पकड़ ली, 'रामेश्वर जी पढ़ी-लिखी मेम साहब है। नहीं आती इसे घूँघट गाती।' वह हल्की-सी-हँसी, 'भागोंवाली है। ब्याह हुआ और राधामोहन के साथ शहर आ गयी। तुम्हारी हवेली तो इसने देखी तक नहीं।'

रामेश्वर उठ खड़ा हुआ था, 'फुलवा पण्डित जी का प्लॉट नम्बर बता दे। मैं चला जाता हूँ।'

फुलवा उठी और अलमारी से फोल्डिंग छाता निकाल लिया। छाता बगल में दबाकर वह कहने लगी, 'नहीं रामेश्वर जी, अच्छा नहीं लगता है, मैं छोड़कर आऊँगी तुम्हें।'

गेट के बाहर निकलकर वे दस-पन्द्रह क़दम ही चले होंगे कि एक मारुति कार कोठी के सामने आकर रुक गयी थी। फुलवा ने पीछे मुड़कर देखा। राधामोहन कार से उतर रहे थे। उसके पाँव वहीं ठिठक गये और रामेश्वर से कहने लगी, 'वापस चलो, भैया आ गये हैं, उनसे मिल लो पहले।'

रामेश्वर ने आगे की ओर क़दम भरते हुए कहा, 'फुलवा, बादल बोल रहे हैं। बरसात आयेगी। जल्दी कर तू।'

ऐसा नहीं था कि वह आज भी रामेश्वर से डरती थी या उसके अहसानों से दबी हुई थी। उसमें आतिथ्य भाव था और नेकी को भगवान मानती थी। फिर अपनी शोहरत दिखाने का बहुत ही सुनहरा अवसर हाथ लगा था उसको। फुलवा ने मन में उठे क्रोध को वहीं दबा दिया था।

पं. माताप्रसाद का मकान आ गया था। कोलतार के दो ड्रम सीधे करके गेट बनाया हुआ था। गेट! महज़ आड़ थी। गेट के पास ही लैट्रिन बाथरूम थे। लैट्रिन के दरवाज़े पर बोरी का पल्ला झूल रहा था। बाथरूम में फ़र्श नहीं था। दो कमरे थे। सटा हुआ एक गैरेज था। गैरेज में रसोई थी। रसोई में थोड़े-से बर्तन थे। पं. माता प्रसाद की पोती बत्ती स्टोव पर वहाँ रोटियाँ सेंक रही थी। फुलवा की कोठी देखकर रामेश्वर की आँखें कुण्ठा और द्वेष से सिकुड़ी हुई थीं। पण्डित जी का मकान देखकर उसकी आँखें हसरत और विस्मय से फैल गयी थीं। यह विस्मय, खेद और खिदमत से सना था।

पं. माताप्रसाद की विधवा परती और फुलवा के बीच गाँव में चाहे कितनी दूरियाँ थीं, एक-दूसरे से कपड़े बचाकर चलती थीं, लेकिन शहर आकर वे दोनों दाँत काटी रोटी खाने लग गयी थीं। परती के मकान पर भी फुलवा अपने घर-जैसा अधिकार समझती थी। पण्डिताइन का पूरा मकान दिखाकर वह उसे एक कमरे में ले आयी, कमरे में दो चारपाइयाँ, दो कुर्सियाँ और एक स्टूल पड़े थे। फुलवा चारपायी पर बैठ गयी और कुर्सी की ओर हाथ करके बोली, 'बैठिए रामेश्वर जी।'

परती, उसकी बहू और पोती 'बाहर' गयी थीं, वे लौट आयी थीं। मर्द की खाँसी सुनकर पण्डिताइन वहाँ आ गयी थी। उसकी बहू और पोती दूसरे कमरे में

चली गयी थीं। रामेश्वर की आँखें पण्डिताइन को देखती रह गयी थीं। उसकी कमर कमान की तरह मुड़ गयी थी। उसके भूरे, घुँघराले बाल सफ़ेद और मटमैले से हो गये थे। उसकी पलकों पर भी सफेदी थी। सफ़ेद साड़ी और सफ़ेद ब्लाउज में लिपटी सफेदी का पुतला-सी लग रही थी। रामेश्वर उठा और उसके पाँवों में ढोल दी। पण्डिताइन नहीं पहचान पायी कि वह कौन है। रामेश्वर खड़ा हो गया और हाथ जोड़ दिये, 'दादी, मैं हूँ रामेश्वर। आपका पोता।'

'हुँ है... उसने चश्मे के भीतर आँखें झपकायी।

'नहीं पहचाना। ज़मींदार बलकार सिंह का बेटा, रामेश्वर।'

पण्डिताइन ने एक कष्टमय आह भरी, 'ओ रामेश्वर।'

वह दस-बारह साल बाद उससे मिल रही थी। रामेश्वर को देखकर उसका माथा ठनक गया। फुलवा को पाकर वह गद्गद हो गयी, सप्ताह बाद मिली है फुलवा उससे।

फुलवा पायन्ती सरकी। पण्डिताइन ने उसका हाथ पकड़कर सिरहाने बैठा दिया। वह उसे फुलवा नहीं, फुलवन्ती कहती थी। ताकीद की, 'देख फुलवन्ती, तूने ही एक दिन कहा था न, तू मुझसे एक साल बड़ी है। जब बड़ी है, तो पायन्ती बैठकर मुझे पाप में गलायेगी।'

रामेश्वर ने साफा उतारकर सिर खुजलाया और फिर रख लिया। रामेश्वर जैसे भँवर में फँसा कोई तिनका। पण्डिताइन पायताने। फुलवा सिरहाने। देहरी की ईंट चौवारे। अनुरक्ति और विरक्ति के बीच ईर्ष्या और द्वेष ऐसी जलन पैदा कर रहे थे, जैसे अधपके फोड़े में पीब और लहू।

परती की पोती तीन कप चाय ले आयी थी। उसने स्टूल पर ट्रे रखी और लौट गयी। भूख से बेहाल रामेश्वर ने कप उठा लिया और घूँट-घूँट पीने लगा। फुलवा ने कप उठाया और पण्डिताइन के कप में उड़ेलने लगी, 'दिन भर में दस चाय हो जाती है परमी।' और वे दोनों एक दूसरी को ठेल-ठेलकर बतियाती रहीं। रामेश्वर चिबुक पर हाथ रखकर उनकी बतकही सुनता रहा था। जैसे जदो-बचो का खेल देख रहा हो।

फुलवा ने कप रख दिया और उठते हुए अपना छाता सँभाला। रामेश्वर से बोली, 'रामेश्वर जी, सुबह कोठी पर आ जाना। इतने में तुम्हारी दाढ़ का दर्द भी ठीक हो जायेगा। देशी घी का हलवा बनवाऊँगी कुँवर से।'

पण्डिताइन ने दो-तीन बार खाट थपककर फुलवा की ओर एक संकेत कर दिया था। फुलवा पुलककर बोली, 'परती, पोती को भेज दे मेरे साथ, छोड़ आयेगी मुझे।'

रामेश्वर ने अपनी कुर्सी पण्डिताइन के नज़दीक सरका ली। आस्था और विश्वास भरे स्वर से बोला, 'दादी, गाँव में क्या रखा है, मौज में हो यहाँ।'

'हाँ, ठीक हूँ।'

'दादी, दादा नज़र नहीं आ रहे हैं।'

'दो साल हो गये उनका स्वर्गवास हुए।' पण्डिताइन की आँखें भर आयी थीं। वे दोनों कुछ देर तक नीचे देखते रहे, जैसे शोक में डूब गये हों।

पण्डिताइन ने आँखें पोंछकर उससे पूछा, 'किसी काम से आया था रामेश्वर तू?'

रामेश्वर ने पण्डिताइन के पाँव दबाने के लिए हाथ बढ़ाये तो उसने अपने पाँव सिकोड़ लिए।

वह खिसियाकर कहने लगा, 'दादी आपका पोता है न दीप सिंह। अपने पाँच-छह साल पहले मैट्रिक पास कर ली थी। अब मारा-मारा घूम रहा है।' वह थोड़ा रुककर बोला, 'दादी, सौ बीघा ज़मीन थी मेरे बाप के नाम। हम पाँच भाइयों में बँट गयी, बीस-बीस बीघा। ज़मींदारी नहीं रही अब। दीप सिंह को कहीं नौकरी पर चिपकवा दो।'

पण्डिताइन ने चश्मा उतारकर खाट पर रख दिया और चुँधिवाई आँखें मिचमिचाने लगीं, 'फुलवन्ती की कोठी पर गया था तू?'

रामेश्वर ने सूखा थूक निगला, 'दादी, फ़ुलवा चाहे सोने की हो जाये, रहेगी उसी जात की। मैंने तो उसके घर का पानी तक नहीं पिया। धर्म भ्रष्ट होने से मर जाना अच्छा समझता है रामेश्वर।'

पण्डिताइन ने उसे डपटा, 'तू तो कुएँ का मेंढ़क ही रहा रामेसरिया। अब तो पद और पैसे का ज़माना है, जात-पात का नहीं। फुलवन्ती का राधामोहन कोई छोटा-मोटा अफ़सर नहीं है। एस.पी. है, एस.पी.। एक बात बताऊँ तुझे, जाकर मेम साहब के पाँव पकड़ ले और तब तक मत छोड़ना, जब तक वह हाँ न कह दें।' पण्डिताइन ने एक ठण्डी साँस ली 'चरण छुओ बहूरानी के। मेरे बेटे को तो उसी ने दूसरी ज़िन्दगी दी है।'

रामेश्वर के शरीर पर जैसे किसी ने तेज़ाब उड़ेल दिया था। जिस औरत को वह द्रौपदी-सा बेआबरू करने की सोच रहा था, उसी के पाँव पकड़ ले—पण्डिताइन ने यह कैसी बात कह दी। अगर दूसरा होता, तो कण्ठ पर अँगूठा रख देता।

पण्डिताइन की पोती थाली ले आयी थी। पण्डिताइन की बात से रामेश्वर का

जी ऐसा उतरा हुआ था कि आलू की सूखी सब्ज़ी और चुपड़े फुलके भी भरपेट नहीं खा सका था वह।

पण्डिताइन चिन्ता में थी। लड़का बाहर टूर पर गया था। दो कमरे हैं। उनके बीच में दीवार है, लेकिन गेट है। गेट पर पर्दा है। किवाड़ नहीं है। पर्दा तो शर्म होता है, आड़ नहीं होता। बहू है, जवान लड़कियाँ हैं। ज़मींदार और जानवर का क्या भरोसा? उसकी नीयत कब ख़राब हो जाये? उसने चश्मा पहना और उठते हुए कहा, 'रामेश्वर, हार-थक रहा होगा तू। बिस्तर लगा दिया है तेरे लिए, आ मेरे साथ।'

चारपाई पर पड़े बिस्तर को देखकर रामेश्वर के तन-मन में आग लग गयी थी।

यह तो वही बिस्तर था, जो फुलवा के एक कमरे में पड़ा था। रामेश्वर ने विवशता में डूबी साँस भरी, 'दूसरी जात की गाय, भैंस, बकरी जब बाभन के घर आ जाती है तो बाभनी बन जाती है। रात निकाल रामेश्वर।'

एक कोने में बकरी खड़ी थीं। गेट के पास कुत्ता बँधा था। पण्डिताइन कुत्ते की चेन को एक गाँठ मारकर कहने लगी, 'रामेश्वर कुत्ता बीमार है, खाँसेगा ज़रूर। भीतर की साँकल लगाकर चुपचाप सो जा तू तो।'

बकरी की मींगन और पेशाब से समूचा गैरेज गंधा रहा था। कुत्ते की खों-खों अलग। रामेश्वर की नींद कोसों दूर भाग गयी थी। उसे रह-रहकर फुलवा की कोठी याद आने लगी। वह आँखें मींचे रहता, करवट बदलता, लेकिन नींद नहीं आती थी। एकाएक कुत्ते की खाँसी बढ़ गयी थी और वह उल्टी करने लगा था। बदबू से रामेश्वर के नकसोर रुँधने लगे। मितली आ गयी उसे। वह चारपाई पर उठकर बैठ गया था। उसने बत्ती ऑन करके घड़ी देखी, पौने बारह बजे थे। अपना बैग लेकर वह बाहर निकल आया था। आकाश में बिजली चमक रही थी और बूँदें गिरने लगी थीं। उसके क़दम अनायास ही फुलवा की कोठी की ओर बढ़ने लगे थे।

रामेश्वर ने जब फुलवा की कोठी के गेट पर हाथ रखा, तो गेट के बाहर आवारा कुत्ते और कोठी के पालतू कुत्ते भौंकने लगे थे।

उषा प्रियंवदा

उषा प्रियंवदा का जन्म 1931 ई. में हुआ था।

हिन्दी के नये कहानीकारों में उषा प्रियंवदा का स्थान अग्रणी है। अंग्रेज़ी में एम.ए. तथा पीएच.डी. की उपाधियाँ प्राप्त करने के पश्चात् आपने कुछ वर्षों तक महाविद्यालय में अध्यापन का कार्य किया। अमेरिका के विस्कॉन्सिन विश्वविद्यालय में भारतीय अध्ययन विभाग (डिपार्टमेंट ऑफ इंडियन स्टडीज) में भी आपने कार्य किया। आपकी कहानियों में आधुनिक जीवन का एकाकीपन, उदासी और ऊब भरा यथार्थ गहरी संवेदनशीलता के साथ उभरकर आया है। बौद्धिक चेतना के गहरे स्तरों को वाणी देना उनके लेखन की विशेषता है। उनकी कहानियों की भाषा स्वाभाविक तथा आडम्बरहीन है।

उषा प्रियंवदा उन लेखिकाओं में से हैं जिन्होंने ईमानदारी से आधुनिकता को स्वीकारा है। जीवन के यथार्थ को और अनुभूत सत्यों को अभिव्यक्त करने में आपने जिस साहस का परिचय दिया है, वह निश्चय ही स्तुत्य है।

नारी की बदलती हुई मान्यताओं को, विश्वासों को और परिस्थितियों को, 'पुरुष' लेखकों की अपेक्षा अधिक सही धरातल पर प्रस्तुत करने में उषा प्रियंवदा ने महत्त्वपूर्ण योगदान किया है।

पचपन खम्भे लाल दीवारें, रुकोगी नहीं राधिका, बसन्त आया, ज़िन्दगी और गुलाब के फूल और *एक कोई दूसरा* आदि आपकी मुख्य रचनाएँ हैं।

वापसी

—उषा प्रियंवदा

गजाधर बाबू ने कमरे में जमा सामान पर एक नज़र दौड़ायी—दो बक्स, डोलची, बालटी—'यह डिब्बा कैसा है, गनेशी?' उन्होंने पूछा 'गनेशी बिस्तर बाँधता हुआ, कुछ गर्व, कुछ दुःख, कुछ लज्जा से बोला, घरवाली ने कुछ बेसन के लड्डू रख दिये हैं कहा, बाबूजी को पसन्द थे, अब कहाँ हम ग़रीब लोग आपकी कुछ ख़ातिर कर पायेंगे' घर जाने की ख़ुशी में भी गजाधर बाबू ने एक विषाद का अनुभव किया, जैसे एक परिचित, 'स्नेह' आदरमय, सहज संसार से उनका नाता टूट रहा था।

'कभी-कभी हम लोगों की भी ख़बर लेते रहिएगा।' गनेशी बिस्तर में रस्सी बाँधता हुआ बोला।

'कभी कुछ ज़रूरत हो तो लिखना गनेशी! इस अगहन तक बिटिया की शादी कर दो।'

गनेशी ने अँगोछे के छोर से आँखें पोंछीं, 'अब आप लोग सहारा न देंगे, तो कौन देगा! आप यहाँ रहते तो शादी में कुछ हौसला रहता।'

गजाधर बाबू चलने को तैयार थे। रेलवे क्वार्टर का वह कमरा, जिसमें उन्होंने कितने वर्ष बिताये थे, उनका सामान हट जाने से कुरूप और ख़ाली-ख़ाली लग रहा था। आँगन में रोपे पौधे भी जान-पहचान के लोग ले गये थे; और जगह-जगह मिट्टी बिखरी हुई थी। पर पत्नी, बाल-बच्चों के साथ रहने की कल्पना में यह बिछोह एक दुर्बल लहर की तरह उठकर विलीन हो गया।

गजाधर बाबू ख़ुश थे, बहुत ख़ुश। पैंतीस साल की नौकरी के बाद वह रिटायर होकर जा रहे थे। इन वर्षों में अधिकांश समय उन्होंने अकेले रहकर काटा था। उन अकेले क्षणों में उन्होंने इसी समय की कल्पना की थी, जब वह अपने परिवार के

साथ रह सकेंगे इसी आशा के सहारे वह अपने अभाव का बोझ ढो रहे थे। संसार की दृष्टि में उनका जीवन सफल कहा जा सकता था। उन्होंने शहर में एक मकान बनवा लिया था, बड़े लड़के अमर और लड़की कान्ति की शादियाँ कर दी थीं, दो बच्चे ऊँची कक्षाओं में पढ़ रहे थे। गजाधर बाबू नौकरी के कारण प्राय: छोटे स्टेशनों पर रहे और उनके बच्चे तथा पत्नी शहर में, जिससे पढ़ाई में बाधा न हो। गजाधर बाबू स्वभाव से बहुत स्नेही व्यक्ति थे और स्नेह के आकांक्षी भी। जब परिवार साथ था, ड्यूटी से लौटकर बच्चों से हँसते-बोलते, पत्नी से कुछ मनोविनोद करते। उन सबके चले जाने से उनके जीवन में गहन सूनापन भर उठा। ख़ाली क्षणों में उनसे घर में टिका न जाता। कवि-प्रकृति के न होने पर भी उन्हें पत्नी की स्नेहपूर्ण बातें याद आती रहतीं। दोपहर में गर्मी होने पर भी दो बजे तक आग जलाये रहती; और उनके स्टेशन से वापस आने पर गरम-गरम रोटियाँ सेंकती—उनके खा चुकने और मना करने पर भी थोड़ा-सा कुछ और थाली में परोस देती; और बड़े प्यार से आग्रह करती। जब वह थके-हारे बाहर से आते, तो उनकी आहट पा वह रसोई के द्वार पर निकल आती; और उनकी सलज्ज आँखें मुस्कुरा उठतीं। गजाधर बाबू को तब हर छोटी बात भी याद आती और वह उदास हो उठते... अब कितने वर्षों बाद यह अवसर आया था जब वह फिर उसी स्नेह और आदर के मध्य रहने जा रहे थे।

टोपी उतारकर गजाधर बाबू ने चारपाई पर रख दी, जूते खोलकर नीचे ख़िसका दिये। अन्दर से रह-रहकर कहकहों की आवाज़ आ रही थी। इतवार का दिन था। उनके सब बच्चे इकट्ठे होकर नाश्ता कर रहे थे। गजाधर बाबू के सूखे चेहरे पर स्निग्ध मुस्कान आ गयी, उसी तरह मुस्कराते हुए वह बिना खाँसे अन्दर चले आये। उन्होंने देखा कि नरेन्द्र कमर पर हाथ रखे शायद गत रात्रि की फ़िल्म में देखे गये किसी नृत्य की नक़ल कर रहा था और बसन्ती हँस-हँसकर दुहरी हो रही थी। अमर की बहू को अपने तन-बदन, आँचल या घूँघट का कोई होश न था। वह उन्मुक्त रूप से हँस रही थी। गजाधर बाबू को देखते ही नरेन्द्र धप्प-से बैठ गया और चाय का प्याला उठाकर मुँह से लगा लिया। बहू को होश आया और उसने झट से माथा ढँक लिया। केवल बसन्ती का शरीर रह-रहकर हँसी दबाने के प्रयत्न में हिलता रहा।

गजाधर बाबू ने मुस्कुराते हुए उन लोगों को देखा। फिर कहा, 'क्यों नरेन्द्र नक़ल हो रही थी?' 'कुछ नहीं बाबूजी!' नरेन्द्र ने सिटा-पिटाकर कहा। गजाधर बाबू ने चाहा था, कि वह भी इस मनोविनोद में भाग लेते, पर उनके आते ही जैसे सब कुण्ठित हो चुप हो गये। इससे उनके मन में थोड़ी-सी खिन्नता उपज आयी। बैठते हुए बोले, 'बसन्ती, चाय मुझे भी देना। तुम्हारी अम्मा की पूजा अभी चल रही है क्या?'

बसन्ती ने माँ की कोठरी की ओर देखा, 'अभी आती होगी', और प्याले में उनके लिए चाय छानने लगी। बहु चुपचाप पहले ही चली गयी थी। अब नरेन्द्र भी चाय का आख़िरी घूंट पीकर उठ खड़ा हुआ। केवल बसन्ती, पिता के लिहाज़ में, चौके में बैठी माँ की राह देखने लगीं गजाधर बाबू ने एक घूँट चाय पी, फिर कहा, 'बेटी, चाय तो फीकी है।'

'लाइये, चीनी और डाल दूँ', बसन्ती बोली।

'रहने दो, तुम्हारी अम्मा जब आयेंगी, तभी पी लूँगा।'

थोड़ी देर में उनकी पत्नी हाथ में अर्घ्य (जल) का लोटा लिए निकलीं और अशुद्ध स्तुति कहते हुए तुलसी में दिया। उन्हें देंखते ही बसन्ती भी उठ गयी। पत्नी ने आकर गजाधर बाबू को देखा और कहा, 'अरे, आप अकेले बैठे है—ये सब कहाँ गये?' गजाधर बाबू के मन में फाँस-सी करक उठी, 'अपने-अपने काम में लग गये हैं—आख़िर बच्चे ही हैं।'

पत्नी आकर चौके में बैठ गयी। उन्होंने नाक-भौं चढ़ाकर चारों ओर जूठे बर्तनों को देखा। फिर कहा, 'सारे मे जूठे बर्तन पड़े हैं। इस घर में धरम-करम कुछ नहीं। जा करके सीधे चौके में घुसें।' फिर उन्होंने नौकर को पुकारा, जब उत्तर न मिला तो एक बार और उच्च स्वर में, फिर पति की ओर देखकर बोलीं, 'बहू ने भेजा होगा बाज़ार।" और एक लम्बी साँस लेकर चुप हो रहीं।

गजाधर बाबू बैठकर चाय और नाश्ते का इन्तज़ार करते रहे। उन्हें अचानक ही गनेशी की याद आ गयी। रोज़ सुबह, पैसेंजर आने से पहले वह गरम-गरम पूरियाँ और जलेबी बनाता था। गजाधर बाबू जब तक उठकर तैयार होते, उनके लिए जलेबियाँ और चाय लाकर रख देता था। चाय भी कितनी बढ़िया, काँच के गिलास में ऊपर तक भरी, लबालब, पूरे ढाई चम्मच चीनी और गाढ़ी मलाई। पैसेंजर भले ही रानीपुर लेट पहुँचे, गनेशी ने चाय पहुँचाने में कभी देर नहीं की। क्या मजाल कि कभी उससे कुछ कहना पड़े।

पत्नी की शिकायत-भरा स्वर सुन उनके विचारों में व्याघात पहुँचा। वह कह रही थी, 'सारा दिन इसी खिच-खिच में निकल जाता है। इस गृहस्थी का धन्धा पीटते-पीटते उमर बीत गयी। कोई जरा हाथ भी नहीं बँटाता।'

'बहू क्या किया करती है?' गजाधर बाबू ने पूछा।

'पड़ी रहती है। बसन्ती को तो, फिर कहो कि कॉलेज जाना होता है।'

गजाधर बाबू ने जोश में आकर बसन्ती को आवाज़ दी। बसन्ती भाभी के कमरे से निकली तो गजाधर बाबू ने कहा, 'बसन्ती, आज से शाम का खाना बनाने

की ज़िम्मेदारी तुम पर है। सुबह का भोजन तुम्हारी भाभी बनायेगी।' बसन्ती मुँह लटकाकर बोली—'बाबूजी, पढ़ना भी तो होता है।'

गजाधर बाबू ने प्यार से समझाया, 'तुम सुबह पढ़ लिया करो। तुम्हारी माँ हुई बूढ़ी, उनके शरीर में अब वह शक्ति नहीं बची है। तुम हो, तुम्हारी भाभी हैं, दोनों को मिलकर काम में हाथ बँटाना चाहिए।'

बसन्ती चुप रह गयी। उसके जाने के बाद उसकी माँ ने धीरे-से कहा, 'पढ़ने का तो बहाना है। कभी जी ही नहीं लगता, लगे कैसे? शीला से ही फ़ुरसत नहीं, बड़े-बड़े लड़के हैं उस घर में। हर वक़्त वहाँ घुसा रहना मुझे नहीं सुहाता। मना करूँ तो सुनती नहीं।'

नाश्ता कर गजाधर बाबू बैठक में चले गये। घर छोटा था; और ऐसी व्यवस्था हो चुकी थी कि उसमें गजाधर बाबू के रहने के लिए कोई स्थान न बचा था। जैसे किसी मेहमान के लिए कुछ अस्थायी प्रबन्ध कर दिया जाता है, उसी प्रकार बैठक में कुर्सियों को दीवार से सटाकर बीच में गजाधर बाबू के लिए पतली-सी चारपाई डाल दी गयी थी। गजाधर बाबू उस कमरे में पड़े-पड़े कभी-कभी अनायास ही इस अस्थायित्व का अनुभव करने लगते। उन्हें याद हो आती उन रेलगाड़ियों की जो की, जो आतीं और थोड़ी देर रुककर किसी और लक्ष्य की ओर चली जातीं।

घर छोटा होने के कारण बैठक में ही अब उनका प्रबन्ध किया था। उनकी पत्नी के पास अन्दर एक छोटा कमरा अवश्य था, पर वह एक ओर अचारों के मर्तबान, दाल, चावल के कनस्तर और घी के डिब्बे से घिरा था, दूसरी ओर पुरानी रज़ाइयाँ, दरियों में लिपटी और रस्सी से बँधी रखी थी। उसके पास एक बड़े से टीन के बक्स में घर-भर के गरम कपड़े थे। बीच में एक अलगनी बँधी हुई थी, जिस पर प्राय: बसन्ती के कपड़े लापरवाही से पड़े रहते थे। वह भरसक उस कमरे में नहीं जाते थे। घर का दूसरा कमरा अमर और उसकी बहू के पास था; तीसरा कमरा, जो सामने की ओर था, बैठक था। गजाधर बाबू के आने से पहले उसमें अमर की ससुराल से आया बेंत की तीन कुर्सियों का सेट पड़ा था। कुर्सियों पर नीली गद्दियाँ और बहू के हाथों के कढ़े कुशन थे।

जब कभी उनकी पत्नी को कोई लम्बी शिकायत करनी होती तो अपनी चटाई बैठक में डाल पड़ जाती थीं। वह एक दिन चटाई लेकर आ गयीं। गजाधर बाबू ने घर-गृहस्थी की बातें छेड़ीं, वह घर का रवैया देख रहे थे। बहुत हल्के-से उन्होंने कहा कि अब हाथ में पैसा कम रहेगा, कुछ ख़र्च कम होना चाहिए।

'सभी ख़र्च तो वाज़िब-वाजिब हैं, किसका पेट काटूँ? यही जोड़-गाँठ करते-करते बूढ़ी हो गयी—न मन का पहना; न ओढ़ा।'

गजाधर बाबू ने आहत, विस्मित दृष्टि से पत्नी को देखा। उनसे अपनी हैसियत छिपी न थी। उनकी पत्नी तंगी का अनुभव कर उसका उल्लेख करतीं, यह स्वाभाविक था, लेकिन उनमें सहानुभूति का पूर्ण अभाव गजाधर बाबू को बहुत खटका। उससे यदि राय-बात की जाती कि प्रबन्ध कैसे हो, तो उन्हें चिन्ता कम, सन्तोष अधिक होता, लेकिन उनसे तो केवल शिकायत की जाती थी, जैसे परिवार कि सब परेशानियों के लिए वही ज़िम्मेदार थे।

'तुम्हें किस बात की कमी है अमर की माँ—घर में बहू है, लड़के-बच्चे हैं, सिर्फ़ रुपये से ही आदमी अमीर नहीं होता', गजाधर बाबू ने कहा और कहने के साथ ही अनुभव किया, यह उनकी आन्तरिक अभिव्यक्ति थी—ऐसी कि उनकी पत्नी नहीं समझ सकती। 'हाँ, बड़ा सुख है न बहू से। आज रसोई करने गयी है, देखो क्या होता है?' कहकर पत्नी ने आँखें मूँदीं और सो गयीं। गजाधर बाबू बैठे हुए पत्नी को देखते रह गये।

यही थी क्या उनकी पत्नी, जिसके हाथों के कोमल स्पर्श, जिसकी मुस्कान की याद में उन्होंने सम्पूर्ण जीवन काट दिया था? उन्हें लगा कि वह लावण्यमयी युवती जीवन की राह में कहीं खो गयी है और उसकी जगह आज जो स्त्री है, वह उनके मन और प्राणों के लिए नितान्त अपरिचित है। गाढ़ी नींद में डूबी उनकी पत्नी का भारी-सा शरीर बहुत बेडौल और कुरूप लग रहा था। चेहरा श्रीहीन और रूखा था। गजाधर बाबू देर तक निस्संग दृष्टि से पत्नी को देखते रहे और फिर लेटकर छत की ओर ताकने लगे।

अन्दर कुछ गिरा और उनकी पत्नी हड़बड़ाकर उठ बैठीं, 'लो बिल्ली ने कुछ गिरा दिया शायद', और वह अन्दर भागीं। थोड़ी देर में लौटकर आयीं तो उनका मुँह फूला हुआ था, 'देखा बहू को, चौका खुला छोड़ आयी, बिल्ली ने दाल की पतीली गिरा दी। सभी तो खाने को हैं, अब क्या खिलाऊँगी? वह साँस लेने को रुकीं और बोली, एक तरकारी और चार पराँठे बनाने में सारा डिब्बा घी उड़ेलकर रख दिया। ज़रा-सा दर्द नहीं है। कमाने वाला हाड़ तोड़े और यहाँ चीजें लुटें। मुझे तो मालूम था कि यह सब काम किसी के बस का नहीं है।

गजाधर बाबू को लगा कि पत्नी कुछ और बोलेंगी तो उनके कान झनझना उठेंगे। होंठ भींच, करवट लेकर उन्होंने पत्नी की ओर पीठ कर ली।

रात का भोजन बसन्ती ने जान-बूझकर ऐसा बनाया था कि कौर तक निगला न जा सके। गजाधर बाबू चुपचाप खाकर उठ गये, पर नरेन्द्र थाली सरकाकर उठ खड़ा हुआ और बोला, 'मैं ऐसा खाना नही खा सकता।'

बसन्ती तुनककर बोली, 'तो न खाओ, कौन तुम्हारी ख़ुशामद करता है!'

'तुमसे खाना बनाने को कहा किसने था?' नरेन्द्र चिल्लाया।

'बाबूजी ने।'

'बाबूजी को बैठे-बैठे यही सूझता है।'

बसन्ती को उठाकर माँ ने नरेन्द्र को मनाया और अपने हाथ से कुछ बनाकर खिलाया। गजाधर बाबू ने बाद में पत्नी से कहा, 'इतनी बड़ी लड़की हो गयी। और उसे खाना बनाने तक का शऊर नहीं आया!'

'अरे आता सब–कुछ है, करना नहीं चाहती, पत्नी ने उत्तर दिया।'

अगली शाम माँ को रसोई में देख कपड़े बदलकर बसन्ती बाहर आयी तो बैठक से गजाधर बाबू ने टोक दिया, 'कहाँ जा रही हो?'

'पड़ोस में शीला के घर,' बसन्ती ने कहा।

'कोई ज़रूरत नहीं है,अन्दर जाकर पढ़ो', गजाधर बाबू ने कड़े स्वर में कहा। कुछ देर अनिश्चित खड़े रहकर बसन्ती अन्दर चली गयी। गजाधर बाबू शाम को टहलने चले जाते थे, लौटकर आये तो पत्नी ने कहा, 'क्या कह दिया बसन्ती से? शाम से मुँह लपेटे पड़ी है। खाना भी नहीं खाया।'

गजाधर बाबू खिन्न हो आये। पत्नी की बात का उन्होंने कुछ उत्तर नहीं दिया। उन्होंने मन में निश्चय कर लिया कि बसन्ती की शादी जल्दी ही कर देनी है। उस दिन के बाद बसन्ती पिता से बची-बची रहने लगी। जाना होता तो पिछवाड़े से जाती। गजाधर बाबू ने दो-एक बार पत्नी से पूछा तो उत्तर मिला—रूठी हुई है। गजाधर बाबू को और रोष हुआ। लड़की के इतने मिज़ाज जाने को रोक दिया तो पिता से बोलेगी नहीं! फिर उनकी पत्नी ने सूचना दी कि अमर अलग रहने की सोच रहा है।

'क्यों?' गजाधर बाबू ने चकित होकर पूछा।

पत्नी ने साफ़-साफ़ उत्तर नहीं दिया। अमर और उसकी बहू को शिकायतें बहुत थीं। उनका कहना था कि गजाधर बाबू हमेशा बैठक में ही पड़े रहते है, कोई आने-जाने वाला हो तो कहीं बिठाने की जगह नहीं। अमर को अब भी वह छोटा-सा समझते और मौक़े-बेमौक़े टोक देते थे। बहू को काम करना पड़ता था और सास जब-तब फूहड़पन पर ताने देती रहती थी। 'हमारे आने के पहले भी कभी ऐसी बात

हुई थी?' गजाधर बाबू ने पूछा। पत्नी ने सिर हिलाकर जताया कि नहीं। पहले अमर घर का मालिक बनकर रहता था, बहू को कोई रोक-टोक न थी। अमर के दोस्तों का प्राय: यहीं अड्डा जमा रहता था और अन्दर से नाश्ता-चाय तैयार होकर जाता रहता था। बसन्ती को भी वही अच्छा लगता था।

गजाधर बाबू ने बहुत धीरे-से कहा, 'अमर से कहो, ज़ल्दबाज़ी की कोई ज़रूरत नहीं है।'

अगले दिन वह सुबह घूमकर लौटे तो उन्होंने पाया कि बैठक में उनकी चारपाई नहीं है। अन्दर आकर पूछने वाले ही थे कि उनकी दृष्टि रसोई के अन्दर बैठी पत्नी पर पड़ी। उन्होंने यह कहने को मुँह खोला कि बहू कहाँ है; पर कुछ याद कर चुप हो गये। पत्नी की कोठरी में झाँका तो अचार, रज़ाइयों और कनस्तरों के मध्य अपनी चारपाई लगी पायी। गजाधर बाबू ने कोट उतारा और कहीं टाँगने को दीवार पर नज़र दौड़ायी। फिर उसे मोड़कर अलगनी के कुछ कपड़े खिसकाकर एक किनारे टाँग दिया। कुछ खाये बिना ही अपनी चारपाई पर लेट गये। कुछ भी हो, तन आख़िरकार बूढ़ा ही था। सुबह-शाम कुछ देर टहलने अवश्य चले जाते पर आते-आते थक उठते थे। गजाधर बाबू को अपना बड़ा-सा, खुला हुआ क्वार्टर याद आ गया। निश्चित जीवन, सुबह पैसेंजर ट्रेन आने पर स्टेशन की चहल-पहल, चिर-परिचित चेहरे और पटरी पर रेल के पहियों की खट्-खट्, जो उनके लिए मधुर संगीत की तरह था। तूफ़ान और डाकगाड़ी के इंजनों की चिंघाड़ उनकी अकेली रातों की साथी थी। सेठ रामजीमल के मिल के कुछ लोग कभी-कभी पास आ बैठते, वही उनका दायरा था, वही उनके साथी वह जीवन अब उन्हें एक खोयी निधि-सा प्रतीत हुआ। उन्हें लगा कि वह ज़िन्दगी द्वारा ठगे गये हैं। उन्होंने जो कुछ चाहा, उसमें से उन्हें एक बूँद भी न मिली।

लेटे हुए वह घर के अन्दर से आते विविध स्वरों को सुनते रहे। बहू और सास की छोटी-सी झड़प, बालटी पर खुले नल की आवाज़, रसोई के बर्तनों की खटपट और उसी में दो गौरैयों का वार्तालाप—और अचानक ही उन्होंने निश्चय कर लिया कि अब घर की किसी बात में दखल न देंगे। यदि गृहस्वामी के लिए पूरे घर में एक चारपाई की जगह यहीं है, तो यही सही, वे यहीं पड़े रहेंगे। अगर कहीं और डाल दी गयी तो वहाँ चले जायेंगे। यदि बच्चों के जीवन में उनके लिए कहीं स्थान नहीं, तो अपने ही घर में परदेशी की तरह पड़े रहेंगे... और उस दिन के बाद सचमुच गजाधर बाबू कुछ नहीं बोले। नरेन्द्र माँगने आया तो बिना कारण पूछे उसे रुपये दे दिये;

बसन्ती काफ़ी अँधेरा हो जाने के बाद भी पड़ोस में रही तो भी उन्होंने कुछ नहीं कहा उन्हें सबसे बड़ा ग़म यह था कि उनकी पत्नी ने भी उनमें कुछ परिवर्तन लक्ष्य नहीं किया। वह मन-ही-मन कितना भार ढो रहे हैं, इससे वह अनजान ही बनी रही। बल्कि उन्हें पति के घर के मामले में हस्तक्षेप न करने के कारण शान्ति ही थी। कभी-कभी कह भी उठतीं, 'ठीक ही है, आप बीच में न पड़ा कीजिए, बच्चे बड़े हो गये हैं, हमारा जो कर्तव्य था, कर रहे हैं, पढ़ा रहे हैं, शादी कर देंगे।'

गजाधर बाबू ने आहत दृष्टि से पत्नी को देखा। उन्होंने अनुभव किया कि वह पत्नी व बच्चों के लिए केवल धनोपार्जन के निमित्त मात्र हैं। जिस व्यक्ति के अस्तित्व से पत्नी माँग में सिन्दूर डालने की अधिकारी है, समाज में उसकी प्रतिष्ठा है, उनके सामने वह दो वक़्त भोजन की थाली रख देने से सारे कर्तव्यों से छुट्टी पा जाती है। वह घी और चीनी के डिब्बों में इतनी रमी हुई है कि अब वही उसकी सम्पूर्ण दुनिया बन गयी है। गजाधर बाबू उनके जीवन के केन्द्र नहीं हो सकते। उनका तो अब बेटी की शादी के लिए भी उत्साह बुझ गया। किसी बात में हस्तक्षेप न करने के निश्चय के बाद भी उनका अस्तित्व उस वातावरण का एक भाग न बन सका। उनकी उपस्थिति उस घर में ऐसी असंगत लगने लगी थी, जैसे सजी हुई बैठक में उनकी चारपाई थी। उनकी ख़ुशी एक गहरी उदासीनता में डूब गयी।

इतने सब निश्चयों के बावजूद भी गजाधर बाबू एक दिन बीच में दखल दे बैठे। पत्नी स्वभावानुसार नौकर की शिकायत कर रही थी, 'कितना लापरवाह है, बाज़ार की हर चीज़ में पैसा बनाता है, खाने बैठता है तो खाता ही चला जाता है।' गजाधर बाबू को बराबर यह महसूस होता रहता था कि उनके घर का रहन-सहन और ख़र्च उनकी हैसियत से कहीं ज़्यादा है। पत्नी की बात सुनकर लगा कि नौकर का ख़र्च बिल्कुल बेकार है। छोटा-मोटा काम है, घर में तीन मर्द हैं, कोई-न-कोई कर ही देगा़ उन्होंने उसी दिन नौकर का हिसाब कर दिया। अमर दफ़्तर से आया तो नौकर को पुकारने लगा। अमर की बहू बोली, 'बाबूजी ने नौकर छुड़ा दिया।'

'क्यों?'

'कहते हैं; ख़र्च बहुत है।'

यह वार्तालाप बहुत सीधा-सा था, पर जिस टोन में बहू बोली, गजाधर बाबू को खटक गया। उस दिन जी भारी होने के कारण गजाधर बाबू टहलने नहीं गये थे। आलस्य में उठकर बत्ती भी नहीं जलायी—इस बात से बेख़बर नरेन्द्र माँ से कहने लगा, 'अम्मा, तुम बाबूजी से कहती क्यों नहीं? बैठे-बिठाये कुछ नहीं तो नौकर ही छुड़ा दिया। अगर बाबूजी यह समझें कि मैं साइकिल पर गेहूँ रख आटा पिसाने

जाऊँगा, तो मुझसे यह नहीं होगा।' 'हाँ अम्मा, बसन्ती का स्वर था, 'मैं कॉलेज भी जाऊँ, और लौटकर घर में झाड़ू भी लगाऊँ, यह मेरे बस की बात नहीं है।'

'बूढ़े आदमी हैं' अमर भुनभुनाया, 'चुपचाप पड़े रहें। हर चीज़ में दखल क्यों देते हैं?' पत्नी ने बड़े व्यंग्य से कहा, 'और कुछ नहीं सूझा भी तो तुम्हारी बहू को ही चौके में भेज दिया। वह गयी तो पन्द्रह दिन का राशन पाँच दिन में बनाकर रख दिया।' बहू कुछ कहे, इससे पहले वह चौके में घुस गयीं। कुछ देर में अपनी कोठरी में आयीं और बिजली जलायी तो गजाधर बाबू को लेटे देख बड़ी सिटपिटायी। गजाधर बाबू की मुखमुद्रा से वह उनके भावों का अनुमान न लगा सकीं। वह चुप, आँखे बन्द किये लेटे रहे।

गजाधर बाबू चिट्ठी हाथ में लिए अन्दर आये और पत्नी को पुकारा। वह भीगे हाथ लिए निकलीं और आँचल से पोंछती हुई पास आ खड़ी हुईं। गजाधर बाबू ने बिना किसी भूमिका के कहा, 'मुझे सेठ रामजीमल की चीनी-मिल में नौकरी मिल गयी है। ख़ाली बैठे रहने से तो चार पैसे घर में आयें, वही अच्छा है। उन्होंने तो पहले ही कहा था, मैंने ही मना कर दिया था।' फिर कुछ रुककर, जैसे बुझी हुई आग में एक चिनगारी चमक उठे, उन्होंने धीमे स्वर मे कहा, 'मैंने सोचा था कि बरसों तुम सबसे अलग रहने के बाद अवकाश पाकर परिवार के साथ रहूँगा, ख़ैर, परसों जाना है। तुम भी चलोगी?' 'मैं?' पत्नी ने सकपकाकर कहा, 'मैं चलूँगी तो यहाँ का क्या होगा? इतनी बड़ी गृहस्थी, फिर सयानी लड़की...'

बात बीच में काट गजाधर बाबू ने हताश स्वर में कहा, 'ठीक है, तुम यहीं रहो। मैंने तो ऐसे ही कहा था।' और गहरे मौन में डूब गये।

नरेन्द्र ने बड़ी तत्परता से बिस्तर बाँधा और रिक्शा बुला लाया। गजाधर बाबू का टीन का बक्स और पतला-सा बिस्तर उस पर रख दिया गया। नाश्ते के लिए लड्डू और मठरी की डलिया उस पर रख गजाधर बाबू रिक्शे पर बैठे गये। एक दृष्टि उन्होंने अपने परिवार पर डाली फिर दूसरी ओर देखने लगे और रिक्शा चल पड़ा। उनके जाने के बाद सब अन्दर लौट आये, बहू ने अमर से पूछा, 'सिनेमा ले चलिएगा न?' बसन्ती ने उछलकर कहा, 'भइया, हमें भी।'

गजाधर बाबू की पत्नी सीधे चौके में चली गयी। बची हुई मठरियों को कटोरदान में रखकर अपने कमरे में लायी और कनस्तरों के पास रख दिया, फिर बाहर आकर कहा, 'अरे नरेन्द्र, बाबूजी की चारपाई कमरे से निकाल दे। उसमें चलने तक की जगह नहीं है।'

❑❑❑